新世紀叢書

當代重要思潮・人文心靈・宗教・社會文化關懷

製造快樂公民
快樂產業如何控制我們的生活
How the Industry of Happiness Controls Our Lives
HAPPYCRACY
by Edgar Cabanas
& Eva Illouz
張穎綺——譯
艾德加·卡巴納斯
西班牙馬德里卡米洛·何塞·塞拉大學教授
伊娃·伊盧茲
以色列耶路撒冷希伯來大學、法國巴黎社會科學高等學院教授

獻給哈拉，感謝她無盡的愛、清晰的洞察力和足為典範的正義感。

——艾德加・卡巴納斯（Edgar Cabanas）

獻給先父艾米爾—哈因姆，他喜愛正義勝於快樂。

獻給我的孩子納撒內爾、以馬內利與阿米泰，他們給予我的一切遠遠多過於快樂。

——伊娃・伊盧茲（Eva Illouz）

製造快樂公民：快樂產業如何控制我們的生活

【目錄】本書總頁數264頁

可有過如此溫和逼近的末日災難嗎？

——菲利普．里夫（Philip Rieff），《治療主義的勝利》（*The Triumph of the Therapeutic*）

導論

二〇〇六年上映的好萊塢電影《當幸福來敲門》（*The Pursuit of Happyness*）全球票房表現亮眼，創下三億七百〇七萬七千三百美元的佳績。該部電影改編自事業有成的股票經紀人暨勵志演說家克里斯・葛德納（Christopher Gardner）的暢銷同名自傳。電影劇情以一九八〇年代初期為背景，出身普通家庭的非裔美國人葛德納與妻子育有五歲兒子，正過著終日為家計奔忙的生活。甫開場的一幕裡，電視螢幕上正在播放總統雷根（Ronald Reagan）宣告國家面臨財政赤字的談話畫面。至於葛德納一家，面對要支付的房租、各種賬單和幼兒園學費，經濟狀況已是捉襟見肘。不過，葛德納堅忍不拔又有聰明才智，他始終渴望在職場上闖出一番成就。無論面臨任何艱難險阻，他都保持樂觀心態。

有一天，葛德納行經美國最富盛名的一家證券經紀公司樓下，他看著從大門走出的幾位股票經紀人，心裡浮現一個念頭：「每個人都滿臉幸福！我為什麼不能跟他們一樣？」

他下定決心要進入這家公司，當一名股票經紀人。他憑藉個人魅力和社交技巧順利錄取為無薪實習生。但妻子琳達不支持他的夢想。葛德納告知自己的計畫時，她譏諷以對：「怎麼不當太空人？」電影裡描繪的她恰恰是葛德納的反面對照：愛發牢騷、悲觀、一遇上挫折就輕言放棄；她在家裡已陷入山窮水盡的時候，拋下丈夫和兒子離開。由於葛德納沒有收入，父子被公寓的房東趕出，接著連汽車旅館也住不起，最後棲身遊民收容所。

儘管如此，葛德納絕不容許自己被逆境擊倒：他依然西裝革履去上班，在公司主管和各個皆是常春藤名校出身的實習生對手面前，他一直保持光鮮體面。在實習之餘，他也兼顧原來的掃描儀推銷工作，日以繼夜地努力不懈。他認真準備結業考試，也盡心盡力照顧兒子。葛德納幹勁十足，堅定朝著目標前進。有次父子一起打籃球，他對兒子說道：「別讓任何人來告訴你，說你做不了某件事。你有夢想就要去捍衛它。如果你想要得到什麼，就要努力去實現。就這樣。」實習生培訓期結束後，葛德納以優異表現脫穎而出，得到夢寐以求的正式職位。在電影的結尾，他說道：「我人生這階段叫作幸福。」

這部電影的全球性成功饒有趣味的一面在於，它充分呈現出嚮往和追尋快樂如今是我們人生中的頭等大事。快樂無處不在：電視節目，廣播節目，書籍和雜誌，健身房，飲食建議和節食規劃，醫院，職場，戰場，學校，大學，科技領域，網際網路，運動場，家裡，政治決策，當然，還有商店貨架上。我們每天幾乎都能聽見「快樂」兩個字，快樂是一個無所不在的詞彙。

快樂已經深深融入我們的「文化想像」（cultural imaginary）之中，乃至於佔據著我們生活的核心地位，如影隨形到令人生厭的地步。如今在網路搜尋引擎上輸入「快樂」這個關鍵字，就會跑出數以億計的搜尋結果。從二十世紀末至二十一世紀初，若在亞馬遜網路書店以「快樂」二字檢索書目資料，得出的結果約莫三百本，而今進行同樣的檢索，得出的結果在二千本以上。推特（Twitter）、Instagram 和臉書（Facebook）上以快樂為標籤主題的貼文數量也大量增加。今後我們要理解自己和周圍世界，不能不掌握快樂這個概念。我們太過熟悉它，已把它視為理所當然。快樂既是如此稀鬆平常、順理成章的概念，要對其有所質疑，反倒成了離經叛道、大膽的舉動。

數十年來，快樂不單成為人人掛在嘴邊的字詞，我們對快樂的理解也有所改變。我們不再認為一個人是否快樂跟命運、環境有關，或者無病無痛就能夠快樂；我們不再認為快樂是積善行德的褒獎，或者快樂是傻人才有的傻福等等。現在我們普遍把快樂視為一種心態，可以靠個人的意志力來建立、控制和調整；我們只要掌握自身內在力量以及活出「真實的自我」就能夠快樂；快樂是值得我們努力去追求的唯一目標；快樂是我們用來度量人生價值、成功、失敗以及心理健康和情緒是否充分發展的標準。

更重要的是，快樂如今已成為一個理想中「好公民」的必備特性。從這一點來看，葛德納的故事可以說格外令人玩味。《當幸福來敲門》這部電影最吸引人之處，並不在於它如何述說對快樂的定義，而是在於呈現了哪一種公民有資格得到幸福快樂。①這個故事所展示的快樂並不是一個概念，而是某種特定類型的人：個人主義者，忠於自我，堅韌不撓，積極主動，樂觀開朗，擁有高情緒智商。在這個意義上，這部電影既讓葛德納成為一個快樂的人的完美化身，也讓快樂作為一則勵志故事的敘事核心——這樣的一個「我」是由若干人類學假設前提、意識形態和政治美德所建構而成，也受到它們驅動。

葛德納本尊的傳奇則在現實世界裡繼續發酵。媒體熱中於報導他的人生經歷，期望藉此給數百萬人帶來鼓舞與啟發，讓他們明白富裕和貧窮、成功和失敗、快樂和不快樂，實際上都取決於每個人自己的選擇。在電影中飾演葛德納一角的威爾・史密斯（Will Smith）於二〇〇六年宣傳受訪時，一再表示自己很愛這個角色，因為葛德納是「美國夢的具體化身」。史密斯上「歐普拉脫口秀」（*Oprah Winfrey Show*）時更提到，「美國是一個偉大的概念」，因為「美國是世界上唯一能誕生出一位克里斯・葛德納的國家」（原話照錄）。但是史密斯漏講了一點，那就是：無論是美國或其他國家，像葛德納這樣的人其實都是特例。他也略而未提的是：美國作為全球最富裕的國家之一，也是最不平等②、底層脫貧極困難的國家之一。再者，烙印在美國文化和其集體潛意識裡的信念是：任何不幸都是個人努力不足所造成。這類功績主義（meritocracy）式的假設已經在西方國家大行其道，人們越來越傾向以個人是否「應得」的角度來看待每個人各自的狀況，而不再是從社會結構的演進過程著眼。③這部電影正是這種心態的典型例子：葛德納被描繪為一位「白手起家」的模範生，他的人生是力爭上游的「社會達爾文主義式」奮鬥史，電影的結尾更明確傳遞出一則訊息：功績主義之所以盛行，是由於個人的堅持不懈和努力必然會得到回報。

這部電影的賣座讓克里斯・葛德納在全球聲名大噪。後來的幾年間，他接受了數百場訪談。在訪談中，他不僅大方分享自己的快樂祕訣，也解釋為什麼電影片名裡的「幸福」要拼寫為 happyness：「『y』字是提醒你，是**你**（YOU），是你自己決定了你要過的生活，那是是**你自己的**（YOUR）責任。不會有人來幫你。一切都取決於你自己。」葛德納從成功的股票經紀人轉行成為激勵演說家，他找到了天職：將自己從血淚經驗得來的「智慧」傳播給更多人知曉，鼓勵人們將逆境化為成功和成長的轉機。二〇一〇年，在全球擁有超過四千萬名會員的非營利組織「美國退休人士協會」（AARP）任命葛德納為快樂大使，他全心致力傳達的訊息很簡單：就像可以透過意志力和合宜的知識來捏塑和改變自我，快樂同樣是可以教導、學習和培養的。

然而，這樣的一個理念可說是自相矛盾的。葛德納主張快樂是個人責任（你自己，你的責任，只取決於你），卻也說人們需要像他這樣的專家來指導他們如何追求快樂。葛德納顯然落入矛盾的「重塑自我」迷思：即使一個人自力更生奮鬥、「白手起家」，他依然需要別人的指導和指引。此外，葛德納的理念並非首創，他只是重拾一個深植於社會，綜合了意識形態、靈性和通俗文化的傳統。那樣的一個傳統長久以來滋養和維繫著一個規模可觀的市場。在那裡，自我改變、個人懺悔贖罪和人生勝利經歷都成為可供販售的商品；它們提供的是一種「情緒慰藉」功能，目的在調整人們看待自己和周遭世界的方式。這類帶有「聖徒傳」樹立典範旨意、以自身經歷教導大家如何幸福快樂的自述或傳記，確實是美國大眾文化中歷史悠久的特產，例如一八五〇年代的山繆爾・斯邁爾斯（Samuel Smiles），十九世紀晚期的霍瑞修・愛爾傑（Horatio Alger），一九五〇年代的諾曼・文森特・皮爾（Norman Vincent Peale），以及一九九〇年代的歐普拉・溫芙蕾（Oprah Winfrey）。④

事實上，追求幸福快樂不僅是美國的文化特點之一，也是其施政願景。而透過許多「非政治」人士，包括心理自助類書籍作者、各領域專業教練、企業界人士、基金會、私人機構、好萊塢電影、電視脫口秀、名人及心理學家的鼓吹和推廣，這個「願望」也已被傳播到世界各地。但一直要到晚近，追求快樂才成為一個全球產值數十億美元、有科學實證為佐（與硬科學相輔相成）的產業。

如果《當幸福來敲門》這部電影是於一九九〇年代推出上映，很可能落得沒沒無聞、激不起任何一點漣漪，畢竟當時的書市和好萊塢商業片已充斥著滿坑滿谷的人生勝利故事。但是到了二十和二十一世紀之交，情況幡然轉變。是一九九八年創立、從美國政府機關和公私機構得到豐沛奧援的正向心理學，將追求快樂這件事推廣到全球範圍。這些正向心理學家認為，追求快樂不該只是美國人的權利（美國憲法中明文規定的），也是所有人類與生俱來的渴望，幸福意味著個人每個層次的需求都獲得滿足。正向心理學聲稱透過實證研究，已經找到有助於人們快樂生活的若干關鍵因素，任何人只要遵循「專家」建議（簡單又經證實有效的方法）就能提升自己的快樂程度。這論調並不新穎，但是由心理學家提出來，似乎就必須認真看待之。在幾年之內，正向心理學運動就達成任何其他領域所不及的成就：它讓快樂成為大學裡開設的課程，也使得許多國家將其列為施政目標，乃至優先於社會、政治、經濟面向。

拜正向心理學之賜，快樂不再被視為一個模糊的概念、一種烏托邦式的目標或是一個難以到手的奢侈品。相反地，它成為一個人人皆可企及的目標。快樂這個概念更成為評量標準，用來確立身心健康、人生順利成功、各種機能都發揮出最佳水平的人應該具備哪些心理條件。毫不令人意外的是，這些要件與葛德納那類人的人格特質幾乎完全一致。就和葛德納一樣，那些快樂又健康的人都獨立自主、忠於真實的自己（authentic）、處於「巔峰」和「圓滿」（flourishing）的狀態；他們具有穩定的自尊和高情緒智商、心態樂觀、心理韌性強大，並且積極主動。的確，一個快樂的人該有的特點，葛德納統統都具備，因此《當幸福來敲門》這部電影簡直可以被當作正向心理學的宣傳片。

隨著正向心理學的出現，葛德納的激勵演說不再被視為純粹的勵志口號和心靈雞湯，而是鐵錚錚的科學事實。獲許多企業、機構邀請演說的葛德納與全球產值數十億的快樂產業都在販賣的概念，世界各國的權威機構與富比士全球百大企業都想推廣的概念，一言以蔽之就是：只要以更正向的方式看待自己和周遭世界，任何人都能翻轉人生，活出更好的自己；正向心理家恰恰為他們提供了科學的背書。如今有許多人認為追求快樂是嚴肅的挑戰，而採用科學方法來研究快樂，勢必能在社會層面和心理層面帶來可觀的益處。但在另一些人看來，正向心理學聲稱的科學根據僅僅是幌子：在其承諾自我實現與社會地位提升的玫瑰色願景背後，整個學科的理論和實踐方法都只是自圓其說和紙上談兵，實際運用的情形並不理想，成效見仁見智。

這些懷疑者和批評者的擔憂後來都一一應證。閃爍者未必都是金，因此我們起碼應該審慎地探究正向心理學和其美好承諾。

閃爍者未必都是金

快樂是我們所有人都應該追求的最高人生目標嗎？或許是。儘管如此，我們面對那些快樂科學的主張，還是可以保持一種批判的距離。寫這本書並不是要反對快樂，我們質疑的是快樂科學對「美好人生」流於化約的觀點——儘管那些論調現今已廣為大眾接受。當然，想幫助大家活得更快樂，這樣的初衷不僅無可非議，還值得褒揚。但是快樂科學對快樂的見解很可能有其侷限性，其主張經不起考驗，理論與實踐結果不無自相矛盾之處，抑或根本不見任何成效。

我們對快樂科學所定義的快樂抱持哪些疑問，接下來將從認識論、社會學、現象學及道德四個面向分別說明。首先從認識論的角度，我們質疑快樂科學被稱為科學的正當性，由此，對於它所提出的快樂概念是否具備客觀的科學性，我們要打上問號。老實講，快樂科學是一門「偽科學」，其假設和論證邏輯都充滿瑕疵。實用主義學家查爾斯．皮爾士

（Charles Pierce）說過，如果因果關係、關聯性原本就薄弱，再多的論證也無法使其堅實起來；而快樂科學所憑藉的即是許多毫無根據的假設，在理論上缺乏連貫性，在研究方法上嚴重不足，研究結果往往欠缺實證，提出的主張更流於種族中心主義和過度化約。基於這些理由，儘管這門科學聲稱自己是真實的、客觀的科學，我們仍無法不對其抱持批判性的態度。

其次，無論快樂科學本身是否足以作為一門科學，從社會學觀點來看，我們要問有哪些「社會施為者」（agent）會將它的快樂概念視為有用的，而此概念又是為哪些利益和哪些意識形態服務，一旦化為政策大規模推行落實以後，又會帶來哪些經濟和政治的影響。快樂科學與其所催生、哺育的快樂產業，對以下這個概念的普及化起到推波助瀾的作用：一個人是富裕或貧窮，成功或失敗，健康或罹病，都是他自己的責任。由此論點便順理成章推衍出另一個主張：沒有社會結構性問題，僅有個人的心理缺陷；換句話說就是「沒有所謂的社會之物，僅有個體」——容我們引用柴契爾夫人（Margaret Thatcher）（受到海耶克〔Friedrich Hayek〕的啟發）所說的那句名言。現今的這種快樂概念，不久後很可能只淪為新自由主義文化強加於人的價值理念之一。由芝加哥學派發軔、一九五〇年代由其他多位經濟學家繼續推動的新自由主義革命，事實上已經成功說服全世界：比起追求集體利益，讓個人追求幸福快樂更為實際，也最值得嘉許。就如柴契爾夫人於一九八一年接受《星期泰晤士報》（*Sunday Times*）訪問時所言：「過去三十年政府的施政方向始終走在集體主義的軌道，這點令我無比惱火。大家最後都忘了個人才是重要的……透過改變經濟，就能改變人們這種看待事物的方式。經濟是手段；目的在改變人的心靈。」⑤從而可以斷言，快樂並不像快樂科學學家所主張的那樣是人人都應該追求、不可置疑的最高目標，追求幸福快樂實則象徵著個人主義社會（治療性社會、原子化的社會）凌駕於集體主義社會。

從現象學的角度，我們也看出快樂科學問題重重。多數時候，這門科學不僅無法達成自身設定的目標，還把根本自相矛盾、不符預期的研究結果拿來自吹自擂一番。而快樂科學所提供的保證，像是：有辦法讓個人改善自身缺陷、找回自我本真性（authenticity）和達到自我實現等等，無疑是一種治療取向的論述；然而得先有「症」才有「藥方」的用武之地，可以想見，快樂科學學家要提出多少種療法，就意味著他們得「生出」多少種名目的病症。此外，這門科學將快樂定義為人生的最高目標，但那條終點線卻是變幻不定，沒有明確標準的，因而孕育出各種各樣的「快樂信徒」及「對快樂焦慮」患者——他們成天關注自己的狀態，忙著揪出自身的心理缺失，忙著改正缺點，忙著改變自己和提升自我。現今的消費市場大肆鼓吹「身心健康」的重要，快樂自然成為最具賣相的商品。不過，被這股趨勢牽著走，把希望寄託在五花八門療法、商品和服務（由學術圈或實務界那些自詡為快樂專家的人士所提供）的消費者，很快將會遭遇上述的困局。

最後是道德層面的疑慮，主要關乎快樂和痛苦之間的關係。快樂科學將快樂和正向情緒等同於生產力、功能性、優秀和正常，把不快樂和上述特質的對立面劃上等號，強制我們在痛苦和幸福之間做出選擇。只要認同快樂科學學家的這番觀點，就意味著我們時時都面臨選擇，時時都面對多個選項，而正向和負向代表截然對立的兩端；這也意味著，我們可以決定劃去痛苦這個選項，此後一勞永逸。當然，人生不可能沒有苦痛傷悲，但快樂科學堅定不移地主張——痛苦和快樂都是個人選擇。那些不把逆境當作成長機會的人，即使百人百樣情，也一概被視為自作自受，是自己選擇了不幸。因此我們其實沒有太多選擇：快樂科學不只強迫我們要快樂，如果無法過上更成功、更圓滿的生活，它會將責任歸咎於我們自己。

本書結構

第一章探討快樂和政治之間的關係。首先交代千禧年以來快樂研究的兩大陣營——正向心理學和快樂經濟學——出現和興起的過程。再來聚焦於這兩門領域的根本目標、研究假設、在高等教育體系裡的開枝散葉、在社會內部的傳播和接受程度，以及各自產生的影響。接著會說明，就連政府決策也開始將快樂納入考量。在此，快樂被視為一個客觀的、可以測量的變數，可作為施政決策時的衡量標準，可用以評定一個國家社會的發展程度，遇上敏感的意識形態、道德問題（例如社會不平等）時，更成為一種「技術官僚」式（technocratic）的量化指標，用以迴避掉任何道德爭議。

第二章談論快樂和新自由主義意識形態之間的關係。我們認為，快樂概念的最有用之處，是透過正向心理學折衷式的權威性論述，以看似不帶有意識形態的話語來替個人主義提供了合理化的解釋。該章節先細數市面上正向心理學書籍的若干觀點，由此呈現該領域研究假設皆立基於個人主義，對社會現實的認知解釋十分狹隘。再來，我們會論證，即使正向心理學確實抓住人們的迫切需求，提供他們想要的快樂處方箋（特別在這個充滿不確定感的時代），但這些「藥方」非但達不到療效，還會增加人們的不滿足感。在該章最後，我們針對正向心理學和相關課程被引入校園的趨勢提出批判。

第三章聚焦於快樂科學在組織層面的應用與影響。我們觀察到，在現今人力市場的競爭環境中，追求快樂的能力或多或少已經成為在職場生存的必要條件。快樂科學提出成功職場人都具備的心理特質（先前談到的葛德納即是一個模範典型），形同給勞動者身分一個新定義；企業組織可因應內部控管、彈性化和職權分配需要，利用此類論述來調整員工的行為模式、價值觀及對未來的展望。由此，我們進一步探討快樂科學的一整套理論和技巧，如何促進員工認同和順應企業文化；企業如何利用正向情緒來提升生產力；面對大環境不佳、高度不確定的市場前景、工作職缺減少、競爭加劇的勞動力市場等結構性問題時，企業如何輕易將風險轉嫁由員工承擔，被職場淘汰的人反倒要向自己問責。

第四章分析快樂的「商品化」現象。在二十一世紀的全球自由經濟市場中，販售快樂已經成為一個年產值高達數十億美元的當紅產業，提供正向情緒療程、自助書籍、教練服務、諮商服務、智慧型手機應用程式到各式各樣的自我提升方法等等商品。我們認為，這些快樂相關商品都是「情感商品」（emodities）——不管是服務、療程或商品，都承諾為消費者帶來某種情感的轉換。⑥這類「情感商品」的問世通常是通過一條迂迴曲折路徑：先以理論之姿出現，在大學課堂裡被傳授，但是很快就受到其他領域——諸如企業、研究基金會或生活型態產業的青睞和應用。例如情緒自我管理、本真和圓滿（flourishing，又譯「心盛」）這些概念，不只是幫助個人持續提升自我的方法，也經由各式各樣機構採用，生產出各有其消費群體的情感商品。

第五章歸納前幾章的內容，證明快樂科學正逐漸獨攬話語權，由它來定義哪些行為、哪些表現和哪些感受是心理上與社交上「健康」、「適應力強」乃至「正常」的標準。該章首先分析快樂科學學家對正、負向情緒的區分，他們聲稱以普通人為研究對象得出這樣的結論。我們從社會學觀點指出其中存在的缺陷，質疑這種區分的適當性。接著聚焦於快樂和痛苦之間的關係，最後提出一個重要批判：在一味追求正向情緒之下，痛苦很可能被當作無關緊要、能避免就避免的情緒，甚至被視為完全無用。

各方對快樂科學的討論方興未艾，我們企圖以本書提供一種批判社會學角度的見解。我們過去探討情緒、新自由主義、快樂和療癒文化等主題⑦的多本著作是這本書的基礎，我們會重申和擴展若干論點，並指出追求快樂如何制霸了新自由主義資本社會。書名裡的「快樂統治力」（happycracy）強調出本書的重點所在——我們會一一介紹在這個快樂宰制的時代裡，紛紛出籠的各種新的強制性舉措、政治決策、企業管理風格、消費模式、個人追求、情緒的正負向劃分，以及一種全新的公民概念。在本書最後，我們會對快樂科學和其未竟承諾提出個人看法。

近年來，市面上由社會學家、哲學家、人類學家、心理學家、記者及歷史學家書寫，以批判性觀點探討快樂的書籍不勝枚舉。其中較知名的有：芭芭拉・艾倫瑞克（Barbara

Ehrenreich）⑧和芭芭拉・海爾德（Barbara Held）⑨對正向思考文化宰制的現況的省思，山姆・賓克利（Sam Binkley）⑩和威廉・戴維斯（William Davies）⑪對快樂和消費市場之間關係的分析，卡爾・賽德斯多羅姆（Carl Cederström）和安德烈・史派瑟（André Spicer）⑫將「全人健康」（wellness）視為意識形態來研究；在此僅列舉數本，它們也都是啟發我們撰寫本書的靈感來源。由於快樂仍然是個極具爭議性的概念，卻對文化、社會、政治和經濟皆有顯著影響，我們希望本書能有拋磚引玉之效，促使更多專著問世。

第 1 章

讓專家助你獲得幸福

Experts on your well-being

我們活在一個過度沉迷於心靈崇拜的時代。儘管社會中還存在著種族、階級、性別分化，但是快樂心理學福音將我們聯結在一起。無論貧人富人，無論白人黑人，無論男女，無論異性戀同性戀，我們都堅信：感覺是神聖的，自尊帶來救贖，快樂是終極目標，而心理療法就是實踐方法。

——伊娃．莫斯科威茨（Eva S. Moskowitz），《我們所信任的心理治療》（*In Therapy We Trust*）

賽利格曼的正向夢想

「我有一個使命。」①——馬汀．塞利格曼（Martin Seligman）競逐美國心理學會（American Psychological Association, APA）②會長職位的一年前，做出這樣的宣示。那是美國最大的心理學領域專業組織，會員超過十一萬七千五百名。塞利格曼還無法說明這個使命確切包括哪些內容，但是他相信自己一旦當選就能有答案。③他已經有一些想法，像是爭取多一倍的心理健康研究資助，擴展應用心理學的研究範疇和實踐運用，特別是擴及到預防領域，以及在傳統臨床心理學單調、負面的疾病模式以外另闢蹊徑。他也自承：「那些實際上都是旁枝末節。」④他心裡有更宏大的志向：找到一個新的人性研究取向，以期為心理學領域帶入新氣象，擴展其觸角和影響力。

一九九八年，塞利格曼「出乎意料」選上美國心理學會會長。幾個月後，他迎來「靈光閃現」（eureka）的時刻。他當時和五歲的女兒妮基在花園裡除草。女兒把拔下的雜草隨手亂扔，他出聲喝斥，她回答：「爹地，你記得我五歲以前是什麼樣子嗎？從三歲到五歲，我每天都鬧脾氣。五歲生日那天，我決定以後不再鬧了。這是我做過最困難的事。我都做得到，你也可以不發脾氣。」⑤用塞利格曼自己的話：「妮基說的一針見血。」他突然明白「教養妮基不是要糾正她的哭鬧」，而是要幫她強化她的「美好力量」。⑥他表示，跟教養孩子同理，心理學的問題在於都專注於糾正人們的毛病缺點，而不是維繫和培養他們好的部分，幫助每個人完全發揮潛能。二〇〇〇年，塞利格曼以刊登於《美國心理學家雜誌》（*American Psychologist*）上的〈正向心理學入門〉一文，宣告一個新學科的創立。他在文中寫到：「那對我宛如『天啟』。」⑦塞利格曼表示自己「僅能用神祕主義式的表達」來解釋正向心理學的起源。塞利格曼講述的這段「天啟」經驗，確實與宗教領袖對信眾的宣道內容毫無二致，他說：「不是我選擇了正向心理學。是它召喚我……就像神從燃燒的荊棘叢向摩西呼叫，正向心理學向我呼叫。」⑧拜這神啟式的靈光所賜，塞利格曼找到自己的使命：創立一門嶄新的快樂科學，來探究是什麼讓人生值得一活，並找出是哪些關鍵心理特質可讓人達到圓滿巔峰狀態（flourishing）。

但正如任何神啟帶來的頓悟往往只可「意會」，他在創立宣言裡勾勒的正向心理學圖像也相當模糊。通篇可見從演化論、心理學、神經科學和哲學東借一點西湊一點而來的主張或概念，整體缺乏清晰脈絡和連貫性，比較像是一篇意向聲明，而不是扎實的科學計畫。共同作者契克森米哈伊（Csikszentmihalyi）承認，「正如任何選擇或多或少都是主觀的，無法面面兼顧，研究主題的選擇也一樣。」但也澄清該文章的目的僅在於「激起讀者的興趣」來了解「這個領域能提供哪些新視角」。⑨然而，所謂的新視角究竟有哪些呢？在許多人看來，都只是老調重彈。自我提升，快樂，美國文化根深柢固對自我決定力量的確信，這些概念可回溯到一九五〇到一九六〇年代的人本主義心理學（humanistic psychology），一九八〇年代和一九九〇年代的適應性心理學（adaptability psychology）和自尊（self-esteem）運動，以及整個二十世紀期間越形鞏固的「自助」（self-help）文化和「心理治療」（mental cure）運動⑩，正向心理學只不過是將它們統統裹上實證科學的外衣。

正向心理學可以說就像費茲傑羅（F. Scott Fitzgerald）短篇小說《班傑明的奇幻旅程》

（*The Curious Case of Benjamin Button*）裡的那位主角，一出生就是個老人。但它的創始之父並不這樣想。以塞利格曼和契克森米哈伊兩位的話，這個新生領域提供了一個「歷史性契機……來打造出一座科學里程碑——這門學科的首要任務在於了解是什麼讓人生值得一活。」[11]於是，正向情緒、個人意義、樂觀以及快樂，都成為值得研究的主題。他們信心滿滿地將正向心理學認定為一門不折不扣的學術性學科，一個嶄新的科學研究方向，有朝一日能夠將其成果傳播到「其他時代和其他地方，甚至是所有時代和所有地方。」[12]口氣著實不小。

這個想法顯然會令人疑惑地蹙起眉頭，然而塞利格曼決心要勇往直前完成使命。從前，他作為一位行為主義者和認知心理學家，在一九九〇年出版的《習得的樂觀》（*Learned Optimism*）一書中曾說：「樂觀有時會讓我們無法看清現實。」[13]是後來的「天啟」讓他徹底改變想法：「我當下決定要改變。」[14]塞利格曼不願將自己的提議標籤為行為主義、認知主義或人本主義學派……在他看來，唯有開展一個全新的科學領域才能吸引更多生力軍加入陣容。畢竟，以科學實證方法來研究幸福快樂，並非沒有先例，在一九九〇年代初期，邁克爾·阿吉利（Michael Argyle）、艾德·迪安納（Ed Diener）、魯特·費赫文（Ruut Veenhoven）、卡洛·羅夫（Carol Ryff）以及丹尼爾·康納曼（Daniel Kahneman）等心理學家都做過嘗試。這些學者不約而同指出，這類研究成效不彰，欠缺一致的理論架構和可信的評估程序，而且必然摻雜過多的價值判斷。塞利格曼和契克森米哈伊或許意識到正向心理學這個新領域的空想成分，坦然承認：「你們大可以認為這純粹是異想天開」，不過該篇宣言以相當鼓舞人心、自信的宣告作結：「正向心理學終於迎來對的時刻……我們預言，在這個新世紀，正向心理學將幫助心理學家了解和歸納是哪些要素可讓個體、社群和社會達到圓滿巔峰狀態。」[15]

塞利格曼當選美國心理學會會長之後，支票開始紛至沓來。總有「某某基金會穿著灰西裝的銀髮律師」來電，恭喜塞利格曼「獲得」萬中選一的機會，請他準備「十分鐘的簡報」和「三頁」計畫書到紐約某棟氣派大樓裡開會，將「什麼是正向心理學」解釋清楚。據塞利格曼所言，他在「一個月後收到一張一百五十萬美元支票」；「正向心理學憑藉此筆資助開始發展茁壯」。[16]這門新領域其實在極短時間裡就展現驚人成長。到了二〇〇二年，它得到的資助已達三千七百萬美元。是時候推出首版《正向心理學手冊》（*Handbook of Positive Psychology*）以宣告「這門領域自成一家的獨立性」了。手冊有一個章節名為「正向心理學的未來：一份獨立宣言」，最後寫道，該是「脫離」以人類行為「弱點」和「疾病模式」為基礎的「傳統心理學」的時候了。編輯群稱該手冊的問世是「水到渠成」，並以這段文字作結：「我們認為……透過這份宣告脫離疾病模式的獨立宣言，這門科學運動的第一個階段已經完結。」⑰在全球媒體推波助瀾之下，正向心理學家成功將以下理念傳播給學者專家、專業人士和普羅大眾：現在有一門嶄新的快樂科學，它能夠為大家找出是哪些關鍵心理元素造就幸福、圓滿、有意義的人生。

金錢砌起的里程碑

短短數年內，全球各地大學紛紛開設正向心理學碩士、博士課程；相關獎勵、獎學金、應用課程、研討會、工作坊如雨後春筍般湧現；有越來越多相關主題手冊、教科書和專題著作問世；也見許多主題部落格和網站出現，它們或傳遞訊息，或以生活滿意度、正向情緒、快樂的線上調查問卷來收集大量的樣本和數據；專門的學術期刊也應運而生，比如二〇〇〇年創刊的《快樂研究期刊》（*Journal of Happiness Studies*），二〇〇六年創刊的《正向心理學期刊》（*Journal of Positive Psychology*），二〇〇八年創刊的《應用心理學期刊：健康和幸福》（*Journal of Applied Psychology: Health and Well-Being*）。正如塞利格曼所預見的，正向心理學為自己立下一座傲人的里程碑。然而，專門期刊、在世界各地學術圈落地生根、媒體宣傳，這些理由都不足以解釋這門新領域何以能夠如此急速崛起並站穩腳步。金錢也是一環。而且是非常多的錢。

塞利格曼收到的第一張支票僅是開始，從那時候起，有更多捐款資助從私人與公共機構源源不絕湧入這個領域。二〇〇一年，極端保守的宗教慈善組織約翰．坦伯頓基金會（John Templeton Foundation）（塞利格曼在美國心理學會會長就任典禮上曾讚揚過對方）捐款二百二十萬美元，以供塞利格曼在賓州大學創立正向心理學中心。約翰．坦伯頓先生顯然對這個計畫充滿期待，他樂於了解個人該如何透過掌控心智來主宰環境和隨心所欲地形塑周遭世界。坦伯頓曾為二〇〇二年出版的《正向心理學手冊》寫序，也宣明這門新領域的獨立性：「我希望有更多現今與未來的研究者能投身於正向心理學的願景，有更多基金會和政府機構能訂立計畫來支持這門大有益處的開拓性研究，我們遲早會取得領先地位。」該基金會陸續資助數個計畫，像是針對正向情緒和老化、靈性、生產力之間關係的研究。二〇〇九年更捐出五百八十萬美元，供塞利格曼和他的團隊進一步推進正向神經科學研究，並繼續探索「快樂和靈性對促進成功人生的作用」。

約翰．坦伯頓基金會不是唯一一個提供正向心理學研究資金的機構。許多大大小小的私人與公共機構，包括蓋洛普組織（Gallup Organization）、邁爾森基金會（Mayerson

Foundation）、安納柏格信託基金會（Annenberg Foundation Trust）及大西洋慈善基金會（Atlantic Philanthropies）都提供豐厚的資金、補助金、獎金和獎學金給正向心理學家。例如，羅伯特·伍德·約翰遜基金會（Robert Wood Johnson Foundation）於二〇〇八年資助正向心理學中心三百七十萬美元，用於探索正向健康概念。美國國家老齡研究所（National Institute on Aging, NIA）及美國國家輔助與替代醫療中心（National Center for Complementary and Alternative Medicine, NCCAM）則資助「幸福感、生活滿意度和快樂對促進健康和預防心理疾病效果」的研究。若干企業，諸如可口可樂公司也贊助正向心理學研究，以期找出怎麼花更少錢又更有效地提高生產力、降低工作壓力和焦慮，以及促進員工對公司文化的認同。晚近最豐碩的一筆資金，也許是正向心理學創立迄今收到的最雄厚贊助，為美國國防部投入一億四千五百萬美元，與塞利格曼和賓州大學正向心理學中心合作，於二〇〇八年開始實施的「全方位士兵強健計畫」（Comprehensive Soldier Fitness, CSF）。塞利格曼於二〇一一年透過《美國心理學家》期刊規劃的專題將此計畫介紹給大眾知曉。他在同年發表於《哈佛商業評論》（*Harvard Business Review*）的〈培養心理韌性〉一文中已經指出，教導士兵和軍事人員如何擁有正向情緒、快樂和找出人生的精神意義，將有助於「打造出一支心理和身體都穩定健康的軍隊」[18]，或說是一支「堅不可摧的軍隊」[19]（我們將在第五章續談這個主題）。金援不單來自美國本土。自從正向心理學於二〇〇〇年創立以來，有越來越多歐洲及亞洲的公共與私人機構出資贊助快樂和正向心理學研究。近來，中國、阿拉伯聯合大公國和印度也開始對這門領域產生興趣。

有趣的是，在很短時間內，公共和私人機構對促進正向心理健康和預防心理疾病的經費捐注與投資大幅提升，雖然這並非塞利格曼當初設定的優先目標。快樂是亟待以科學方式探勘、仍然未知的一塊沃土。還有太多問題需要解答：為什麼正向情緒這麼重要？面對人生的困難挫折，人們怎麼樣才能過得快樂？樂觀心態與健康、生產力和績效表現之間有關聯嗎？要成為一位生命圓滿的人需要哪些關鍵要素，科學有辦法找到祕訣嗎？許許多多科學論文和專業期刊開始充斥著這類提問，但許多研究只是照抄照搬其他研究的問題、發現、論點、根本性迷思、參考文獻等等，因此讀者會有錯覺，以為這個領域具備理論與概念上的一致性和共識。

二〇〇四年，可能是為了建構正向心理學統一連貫的理論框架，克里斯托弗・彼得森（Christopher Peterson）和塞利格曼共同編寫出版《個性長處與美德的分類手冊》（*Character Strengths and Virtues: A Handbook and Classification*）。世界各地心理學家、精神病學家和心理治療師最常以《精神疾病診斷與統計手冊》（*Diagnostic and Statistical Manual of Mental Disorders,*

DSM）和《國際疾病分類法》（*International Classification of Diseases*, ICD）為圭臬來診斷、處理個案，兩位作者反其道而行，自稱寫的是一本「心理健康準則手冊」。它不是用來確診精神功能障礙或疾患，而是為人類的長處和美德確立一套放諸四海皆準的分類標準，以期「幫助人們充分發展自身潛能」。心理精神領域的學者專家和專業人員可參照該手冊來辨識、評估個案身上具備的人格特質，鼓勵對方維持健康的、符合真實自我的（authentic）和有助茁壯自己的優點。「這本手冊聚焦於人們身上健康的特質，特別是那些有助於他們擁有美好人生的個性長處。我們以《精神疾病診斷與統計手冊》和《國際疾病分類法》為仿效榜樣……但跟它們的關鍵差異在於，我們關注的是心理健康而不是心理疾病。」[20]該手冊也企圖建立該領域尚付之闕如的一套「共通術語」：

> 正如精神醫學、臨床心理學和社會工作領域有《精神疾病診斷與統計手冊》和《國際疾病分類法》來統合述說負向特質及疾病的專業名詞術語，正向心理學領域若有大家共同認可的語彙來述說正向特質，必能受益良多，更加鞏固與成熟。我們以這本個性分類手冊率先邁出重要一步，這裡定義的正向特質將成為我們共通術語的一部分。[21]

兩位作者承認《個性長處與美德的分類手冊》提供的僅是一種分類方式，並不是一門人類正向特質的正式分類學，因為他們目前尚無「能力」提出一套「有說服力」的快樂理論。㉒不過，接下來數年，這本手冊倒是對正向心理學貢獻卓著，既進一步穩固其學科地位，影響力更廣及政治、組織管理、教育及心理治療領域。㉓

可預期的盟友陣容

在不到十年的時間裡，針對快樂和其相關主題（例如主觀幸福感、長處、美德、正面情緒、本真性、圓滿、樂觀和心理韌性〔resilience〕）的學術研究數量、規模和影響成長了十倍。很快地，不只心理學，諸如經濟學、教育、治療學、健康保健、政治、犯罪學、運動科學、動物幸福、設計學、神經科學、人文學科，以及工商管理等領域也開展其相關研究。㉔隨著正向心理學成功擴展領地，情緒和快樂能不能用科學方法加以研究、能不能得出可靠結論這類以往常見的質疑已經不成為問題。過去，諸如樂觀、正向思考、正向情緒、生命圓滿和希望這些概念，都被視為坊間心理自助書籍或培訓用來招搖撞騙的名目，是「一廂情願」（wishful thinking）的產物，但如今它們已是可信的、有學術根據的概念。正向心理學成功地讓任何懷疑批判都顯得像是負面思考——會阻礙進步，學者若落入其中，就無從認識美好人生的奧祕，無從幫助人們完全釋放潛能。漸漸地，無論是出於認同其信念或純粹搭個便車，有越來越多的心理學家和社會科學家投身到新生的快樂科學陣營，與此同時，經濟學、組織管理、治療學、教育和政治各領域也關注起快樂相關議題，正向心理學就此建立其學術權威、取得社會權力並發揮文化影響力。

這門異軍突起、所向披靡的新學科不只嘉惠學術圈。多年來胼手胝足打造出療癒式商品市場、培養出消費者需求、使得該市場規模不斷擴增的眾多「心理專業人士」——從心理自助書籍作家、心理自助教練、激勵演說家、企業管理講師到學習顧問等——他們也從中受惠。這類專業人員崛起於一九八〇到一九九〇年代，提供幫人改造生活型態，或教人如何因應情緒、心理困擾和慣性的服務。身負溝通、協調任務的這類「文化中介者」（cultural intermediaries）和「需求型商品販售者」（need merchants）[25]大量活躍於心理療癒、保健、教育和企業培訓領域。他們對自我、靈性、自我成長的潛能以及心靈支配身體等等課題都相當熱中。但由於缺乏共通的嚴謹知識來源，他們往往只能生硬地湊合各家各派理論（從精神分析、宗教、行為主義、醫藥、神祕學、神經科學到東方傳統智慧）和自身經驗來作為自身專業的根基。

芭芭拉．艾倫瑞克就指出㉖，對這些專業人員來說（一如對塞利格曼而言），正向心理學是從天而降的禮物。這門嶄新的學科提供他們一套共同的理論、語彙和技能，並且看來是以科學方法證明了正向思考、正向情緒與自我發展、健康、事業成就之間的關連。雖然上述那些概念早已由若干作家宣揚而廣為人知——例如諾曼．文森特．皮爾於一九五九年出版的《積極思考的力量》（*The Power of Positive Thinking*），丹尼爾．高曼（Daniel Goleman）一九九五年撰寫的《情緒智商》（*Emotional Intelligence*），但當年科學界對該類型書籍反響冷淡，甚至只有冷言批評。現在，這類觀念終於登上大雅之堂，通行範圍已從諮商室、書店心理自助書籍區、生活風格雜誌和大眾科學讀物一路擴展到心理治療診所、科學期刊和大學系所課程。突然間，科學家和「心理」專業人士都說著相同語言。此外，多虧了正向心理學，這些專業工作者得以甩開「鑽牛角尖」、「自我耽溺」的污名化標籤。如今，不單只有寂寞的、憂鬱的、生病的、貧窮的、失敗的人需要心理專家，樂觀的、外向的、開朗的、健康的、富裕的、成功的人也有資格且很有必要得到心理專家的關注與照料。這是從關注痛苦轉向關注快樂。現在，每個人無一例外都能夠（也應該）依靠專家的協助來開發出最好的自己。

事實上，正向心理學和專業工作者彼此互蒙其利。該領域從創立以來，已經與艾洛絲・史旺（Eloise Swan）所稱的這類「個人成長工作者」（personal development worker）——為健康的人提供「療癒性方法」來幫助他們把工作做得更好、讓自己變得「更好」或過「更好的人生」的「心理專業人士」[27]——發揮強大的協同效應，創造出龐大的商機與利益。一方面，隨著正向心理學在全球掀起熱潮，觸角延伸的領域和應用的範圍越來越廣，這類「個人成長工作者」開始取得專業正當性。另一方面，這些心靈專業人士幾乎將正向心理學的理念與「發現」實際運用在生活的每個層面，包括婚姻、性生活、飲食、工作、教育、人際關係、睡眠、成癮問題等等，對該學科的傳播推廣居功甚偉。儘管正向心理學家一向以硬科學、實證科學姿態的論說，堅決劃開「專家」和「非專家」的界線——例如塞利格曼就強調他的作品「具備科學根據」，因此是「可信的」，「與大眾心理學和坊間那些自我成長書籍截然有別」[28]——但這種劃分往往只是一種象牙塔式的希冀。

很快地，正向心理學家開始張開雙臂接納若干有獲利潛力的活動，比方「教練服務」（coaching）。可以想見，他們也覺察到單是教練產業的獲利就何其豐厚，根據國際教練聯盟（International Coach Federation, IFC）的統計數字，該產業的全球年產值達兩萬三千五百六十億美元。[29]事實上，在二〇〇四至二〇〇五年，正向心理學家所出版的著作、論文裡已經可見到像是「走向正向心理教練服務」、「正向心理學和教練心理學：融合應用的展望」

這樣的題目。塞利格曼於二〇〇七年發表了一篇題為〈教練服務和正向心理學〉的論文，在文中寫道：「教練服務正在尋覓其基柱，事實上是兩個基柱：科學實證的，以及理論性的。我認為正向心理學這門新學科為其提供了這兩大支柱。」[30]二〇一一年，塞利格曼出版《邁向圓滿：掌握幸福的科學方法＆練習計畫》（*Flourish: A New Understanding of Happiness and Well-Being – and How to Achieve Them*），進一步強調正向心理學應該負責為教練們提供「所需的專門技能與知識」。[31]在這本迄今為止市面上最具影響力的快樂學著作中，塞利格曼的開場白明顯用的是教練服務和心理自助類書籍作者的典型口吻：

> 本書將會幫助你邁向圓滿人生。是的，我終於敢這麼保證……正向心理學會讓人更快樂。不管是傳授正向心理學、研究正向心理學、作為教練或治療師運用正向心理學、帶領高中十年級生做正向心理學練習、以正向心理學教養小孩、教導軍隊教官如何跟士兵上「創傷後成長」課、跟其他正向心理學家會晤，還有僅僅是閱讀正向心理學書籍，都會讓人更快樂。在正向心理學領域工作的人是我認識的人當中幸福感最高的一群人。[32]

讓心理學再次偉大

隨著時間過去，正向心理學的創立也和心理學達成互利雙贏。心理學始終需要新的研究課題，也一直需要概念上的創新來維持它作為學科的社會地位、吸引資金挹注，並跟上時代潮流的腳步不脫節，快樂研究為該領域注入新空氣。心理學領域裡區分主流心理學和應用實務心理學的那條多孔隙、細微界線終於變得模糊。「個人成長工作者」有正向心理學的科學語言論述為憑藉，而正向心理學家也從那些工作者深具影響力、五花八們的活動取經。面對坊間那些打著「心理」名號，承諾給人快樂和自我實現祕訣的服務和商品，心理學再也沒有理由引以為恥，非要與它們劃清界線不可：如今由正向心理學來負責區別關於快樂的哪些論調僅是漫談閒扯，哪些又是經過驗證的立論、忠告，可以無愧地打上科學的標籤來銷售。此外，正向心理學帶給心理學家大有可為的職業展望、全新策略，以及包括工作坊、培訓課程、企業管理顧問和大眾化的半學術性書籍等等市場商機。在不發表論文就出局的學術圈，正向心理學也為學者們——特別是較年輕的新秀——提供大量產出新研究成果的機會，讓他們不僅能夠存活下來，還能繼續茁壯。

正向心理學在心理學界成功立足的關鍵之一，在於它作為一門分支學科，與不同心理學派別並無觀點理論上的齟齬扞格。由於塞利格曼所提出的並不是一個新的心理學研究取向，而是一種新的正向態度，因此使得停滯不前的基礎心理學和應用心理學再度動起來，讓領域裡的學者和專業人員轉而把目光投向未曾開拓過的目標市場：那些健康的、正常的人們。塞利格曼無疑不願重蹈心理學的歷史覆轍，開啟不同派別理論的鬥爭。數十年前，人文主義心理學完全撼動不了行為主義心理學和認知心理學的勢力，而塞利格曼並不打算與任何一個現存的心理學派別為敵。他企圖盡可能讓更多的心理學家轉向這個新的正向性理念。正向心理學的創立宣言寫得模稜兩可、面面俱到，留下充足空間給任何人加入其中——無論他們之前接受的是哪種取徑的學術訓練。喬治．米勒（George Miller）曾尖刻形容為「智識動物園」（intellectual zoo）的心理學學科㉝，這次毋須經過內部鬥爭就能擴展茁壯。

儘管沒多久後，正向心理學家就伸張其學門的獨立性，自稱提供的是一種有別於「傳統」、「因循舊規」或「負面」心理治療取向的新選項，但他們無意與臨床心理學一刀兩斷，也未想挑戰質疑任何已被廣為接受的基礎理論和研究方法。在他們看來，就心理疾病研究和改善心理缺陷兩方面，傳統心理學仍然有其存在的必要性。但正向心理學家也認為，要培養正常的、適當的、適應能力良好的行為和性格，並不是像心理自助教練和自助書籍作者長久以來所主張的那樣，只要做到根除問題狀況及學會以何種策略去應對日常生活中面臨的困難就可以。正向心理學家堅決主張，人不僅僅在事情不順心時需要讓自己變得更快樂，在凡事都順利的時候也同樣需要，心理學學科就此被賦予另一個新使命：不只是矯正治療痛苦，還要助人發掘最高潛能。因此，有賴正向心理學這門全新學門的專家和學者來研究人類幸福快樂的關鍵心理要素，以及教導人們如何以科學方法完全發揮其潛能並活出有意義的、有價值的人生。

這番策略相當見效。不僅只有心理學領域的人認同有必要轉向更正向的觀點，整個學術圈也有所共鳴。難怪正向心理學創始人塞利格曼會以領先第二名候選人三倍之多的票數當選美國心理學會會長。塞利格曼引領心理學學門走出保守又創新的一步，他深信唯有改變一些事才能讓這門領域既保持原貌，同時又能夠持續成長和擴展。正如亨利．詹姆斯（Henry James）所指出的，樂觀——塞利格曼自己最終也奉行的人生觀——並不僅僅是一種保守態度㉞，它也是成功創業家（entrepreneur）的典型特點之一（很多正向心理學家振振有詞如此宣稱）。在此必須一提的是，引領正向心理學開疆闢土的塞利格曼和其他多位心理學家，並不是單純學者或普通無名專家，他們皆已是官方部門倚重的學者，或在各大政治機構、經濟機構和學術機構位居要職。因此，塞利格曼當選為美國心理學會會長後，新誕生的正向心理學達到史無前例的擴展並締結了強力的盟友團，絕非偶然巧合之事。

過去二十年來，正向心理學遭受許多批評。重要學者們的論點主要針對其基礎假設，包括：去脈絡化和種族中心主義的主張㉟；理論過度簡化、套套邏輯和自相矛盾㊱；研究方法的缺失㊲；研究多淪為套用複製㊳；過度概化（generalization）㊴；它的治療效果與能否作為一門科學學科也受到質疑。㊵有一點似乎是清楚的，正向心理學單憑其立論基礎是無法興旺發展的。這門領域縱然有作為智識學問的缺陷，科學研究成果也不足，但廣受歡迎也是它的特點之一。正向心理學經過將近二十年的發展，已有超過六萬四千份科學研究在探討是什麼讓人生值得一活，不過所得成果零散、模糊、未有明確定論，甚至有彼此相左、相互矛盾的情況。根據研究設計和方法的不同，成果可能大相逕庭：若干研究顯示性格的某個特質、面向或變項為快樂的關鍵要素，然而另一些研究得到的結論卻南轅北轍。㊶

這些正向心理學研究所反映出的，顯然是其資助者與支持者各自的理念與藍圖：冀望以學術研究為憑，在企業、學校、健康機構或軍隊裡推行快樂相關課程和活動，或將快樂概念引入娛樂產業，或應用於公共政策領域。很多人認為正向心理學充其量是以各種數字、統計圖表包裝的意識形態；只不過是由身穿白袍的科學家來兜售的一套大眾化心理學理論——這當然不無道理。然而，這恰恰也是這門學科掀起熱潮、大獲成功的理由之一。

不同文化和意識形態裡對自我的概念，正向心理學皆能將它們化為客觀的、經過科學實證的事實。隨著快樂產業規模擴展得越大，越多公、私機構汲汲引入快樂課程或推行相關活動，正向心理學在政治、教育、職場、經濟以及多種多樣治療學領域結交到越多盟友，這門學科也越發茁壯成長。我們在本書裡將會一一詳談正向心理學與上述各領域的關係。首先讓我們聚焦於另一個也深獲政治界青睞的學術研究領域，那就是：快樂經濟學。

專家知道的比你多

正向心理學在發展時，不只加強跟多種多樣「心理」工作者的結盟，它也與快樂經濟學家發揮強大的協同合作效果。經濟學的這門分支學科雖興起於一九八〇年代，卻直到二十一世紀初期才因為理查·萊亞德爵士（Sir Richard Layard）的積極推動而享有現今的學術勢力和影響力。萊亞德於一九九七至二〇〇一年間擔任英國首相布萊爾（Tony Blair）的政策顧問；自二〇〇〇年成為上議院議員至今；一九九三年至二〇〇三年擔任倫敦經濟學院經濟績效中心所長；二〇〇三年於該中心創立「幸福計畫」（Wellbeing Programme）並主持該計畫迄今。萊亞德享有「快樂沙皇」的稱號，從正向心理學創立開始，他就是該門新領域的知名提倡者。早在二〇〇三年，萊亞德於倫敦經濟學院講課時就指出，為了徹底全面了解快樂，經濟學家和心理學家必須攜手合作。他表示：「慶幸的是，心理學現在朝著對的方向發展，並且進展神速，我希望經濟學將起而效尤。」㊷就和功利主義創始人之一的英國哲學家邊沁（Jeremy Bentham）一樣，萊亞德深信政治的首要目標亦是最正當目標，在於達到社會最大多數人的最大幸福。就和功利主義思想家一樣，他也深信幸福是追求快樂減去痛苦之後的最大總和，而且快樂是可以準確量化計算的。正如塞利格曼對傳統心理學的看法，萊亞德認為傳統經濟學也需要改變。依他之見，傳統經濟學的一個大問題就在忙於將「功利」（utility）與金錢利益劃上等號，以致忘記快樂其實是更好、更準確衡量經濟價值的指標。因此，萊亞德主張，經濟學必須關注快樂議題才能有所革新，也強調經濟學家可以運用「正向心理學這門新學科」的一些「重要發現」㊸——他們很快就付諸行動。

事實上，在一九九〇年代，許多對快樂議題感興趣、欲以科學方法進行研究的心理學家和經濟學家，已經展開合作。而更早以前，大部分學者都認為幸福是相對性的、難以捉摸的概念，鮮少有人從科學角度去探討它。當時在實證科學領域，任何意圖準確量化快樂的研究仍然會引發質疑。經濟學家理查・伊斯特林（Richard Easterlin）的研究正是這種相對主義取向的絕佳例子。一九七四年，伊斯特林以他那則著名悖論激起許多心理學家和經濟學家對快樂議題的關注。伊斯特林主張：研究一段時間內一個國家的人均國民收入水平和快樂水平之間的關係，會發現兩者呈正相關，但針對一國的長期動態研究和多國家間的比較研究，顯示國家富裕程度（以國民生產毛額〔GNP〕為基準）和國民的快樂水平之間並沒有關係。伊斯特林由此得出一個結論：真正影響快樂的因素都是相對性的，因為人始終會習慣自己的情況：「人在評估自己的快樂程度時，傾向於拿自己實際情況跟做為參照或模範的情況來比較，他的參照標準會隨著先前和現在的社會經驗而變動。」㊹

經濟學家和心理學家就此遭遇難題。對前者而言，問題在於：如果快樂是相對性的概念，那麼經濟改善和經濟誘因這些客觀條件似乎對人們沒有實際效益。他們要如何解釋這樣一個令人心煩的事實：一個進步、富裕和繁榮的現代社會為什麼無法為人們帶來更多的快樂？對後者來說，問題在於：如果快樂是相對性的，那麼研究情緒感受不可能成為一門客觀的科學。但是就在此時，這些經濟學家和心理學家突然福至心靈：如果真正的問題其實在於人們根本不擅於估量他們的情緒狀態呢？如果人們只是無法真正理解像快樂這樣複雜的概念呢？因此，就像他們很難真正以理性做決定一樣，他們也很難估量自己快樂的程度？他們尋覓的答案似乎就在這些問題裡。事實上，心理學家丹尼爾・康納曼和阿莫斯・特沃斯基（Amos Tversky）於一九八〇年代晚期已經提出，人們經常以自己的平日經驗為基礎，憑直覺來判斷事情，因此他們所依靠的是錯誤、認知不足的捷徑思考（heuristic）和偏見。[45]由於這些研究對經濟學領域產生巨大影響，康納曼和特沃斯基於二〇〇二年獲頒諾貝爾經濟學獎。總之，心理學家和經濟學家首先都同意，需要採用更精準的研究方法來取代過度的主觀內省，以達到對情緒感受的客觀衡量。其次，他們都承認，得有專研快樂的專家來指引個人走上正確的路徑，以及教導人們正確評量自己生活的標準。

在整個一九九〇年代，心理學家和經濟學家密切合作來精進研究方法、擬定新的問卷和設計適當的量表，以期能夠客觀地估量快樂、主觀幸福感，以及正、負向情感感受之間的快樂平衡（hedonic balance）。當中一些最著名的問卷與量表包括有：牛津幸福度問卷（Oxford Happiness Inventory, OHI），生活滿意度量表（Satisfaction With Life Scale, SWLS），正負向情感量表（PANAS, Positive Affect, Negative Affect Schedule），經驗抽樣法（Experience Sampling Method, ESM），以及一日經驗重建法（Day Reconstruction Method, DRM）。心理學家和經濟學家透過這些研究方法顯然證明了兩件事：第一，人的快樂程度有其客觀標準，因為快樂程度是愉悅與痛苦相抵的總和，可透過科學實證方法來精準測量和比較——因此快樂不完全是相對性的；第二，快樂的關鍵在於頻率，而非強度。[46]當然，也不能完全排除強度因素。以科學方式確定情緒強度對快樂程度的影響，以及如何以身體數據——比如心跳率、血壓、葡萄糖攝取量、血清素濃度——和臉部表情等等來作為客觀指標，反而是可供心理學家、神經科學家和心理生理學家探索的新領域。

一九九九年，丹尼爾．康納曼和艾德．迪安納合編《幸福感：快樂心理學的基礎》（*Well-Being: The Foundations of Hedonic Psychology*），書中匯集近十年各種快樂相關研究的重要突破進展㊼，也再度印證心理學和經濟學的相互依賴關係。該書既探討功利與快樂的基本關聯，也關注相關研究在公共政策上的應用。作者們敦促各國政府開始運用新的技術方法來測量國民的快樂和痛苦，往後在評估公共政策時，除了社會指標，便能以國民快樂的程度為參考依據。這些都是萊亞德和快樂經濟學領域在接下來多年繼續成功推動的核心理念。

一種可測量的、不證自明的好

二〇一四年，理查．萊亞德偕同其他經濟學家合寫的一本主題出乎意料的著作《繁榮：心理療法的力量》（*Thrive: The Power of Psychological Therapy*），成為當時紅極一時的暢銷書。該書有理有據地論證，針對現代社會日趨嚴重的精神疾病問題，公共部門何以有必要將更多的預算投入成本效益高的正向心理療法。㊽丹尼爾．康納曼掛名推薦此書，稱它為「激勵人心的成功故事」，傳達了「說服力十足的訊息」。塞利格曼也對之大加讚譽：「在著墨於心理健康公共政策的著作中，本書是迄今為止最優秀的一部作品。」然而，該書並未提出任何新洞見：在它出版當時，全球多國已經將快樂和「正向心理健康」納入政治議程當中，其中包括美國、智利、英國、西班牙、澳洲、法國、日本、丹麥、芬蘭、以色列、中國、阿拉伯聯合大公國以及印度。㊾

從二〇〇〇年初期，快樂經濟學和正向心理學開始在大學課程中佔有一席之地，並吸引政治決策者的關注以來，兩個領域的學者都不遺餘力推進的目標，正是讓快樂議題被納入公共政策考量之中。而二〇〇八年全球經濟危機補上了臨門一腳。在世界經濟衰退之後，有越來越多的國家聽取心理學家和經濟學家的建議，認為應該採用快樂指標來衡量國民的狀態，以確認當生活品質指數和社會平等指數持續下降時，國民是否仍然感覺良好。研究快樂的學者為政策制定者的這類考量提供了解答，他們主張快樂指數是國民個人所感受與認知的幸福感（well-being）的準確衡量指標。突然之間，採納較柔性、較主觀的快樂指標似乎是個好點子，比起經濟和社會發展的硬性、客觀指標，它們能夠更完整、更精確地呈現社會實況。如果人們說他們很快樂，那麼就沒有什麼好擔心的——畢竟，政府施政的真正目的和終極目標，不就是實現最大多數人的最大快樂嗎？比起正義或平等，快樂不是更優先的項目嗎？

智利是率先付諸行動的國家之一，也許是為了驗收「震撼主義」（shock doctrine）[50]——奧古斯特・皮諾契特（Augusto Pinochet）在米爾頓・傅利曼（Milton Friedman）及其他芝加哥學派經濟學者建議下所採行的新自由主義經濟與政治改革——是否仍然「成效良好」。接著，英國的保守派首相大衛・卡麥隆（David Cameron）和法國總統尼古拉・薩科奇（Nicholas Sarkozy）都指示各自的國家統計局開始蒐集國民的快樂數據資訊。也就是用「國民幸福總值」（Gross Happiness Product, GHP）取代「國民生產總值」（Gross National Product, GNP。編註：即國民生產毛額）來作為衡量政策效率和國家發展的指標。由此延伸出來的指標還包括：「經濟福祉指標」（Measure of Economic Welfare）、「經濟面福祉指標」（Economic Aspects of Welfare）、「永續經濟福祉指數」（Index of Sustainable Economic Welfare）或「人類發展指數」（Human Development Index）。從二〇〇八年起，凡是對快樂和正向心理健康感興趣的國家，都朝這個方向跨出或大或小的步伐。

多數國家會跟隨此一趨勢，轉向以快樂指標作為評估國家、社會和政治發展的指標，乃與全球知名機構和組織的提倡有關。聯合國就是一例，它委託蓋洛普公司（Gallup, Inc）對世界各國進行民意調查，每年發布「全球幸福報告」（*World Happiness Report*），萊亞德即為參與該報告的編者之一。二〇一二年，聯合國宣布「幸福和福祉是全世界人類的普遍目標和期望」，各國在「公共政策目標中對此予以承認具有重要意義」，將每年的三月二十日定為「國際幸福日」。經濟合作暨發展組織（Organisation for Economic Cooperation and Development, OECD）則是另一個絕佳例子。這個具有全球影響力的機構大力鼓吹若干經濟政策，統整全球最富裕的三十多國的統計數據，也自行制定出測度量化各國居民快樂程度的指標體系、建立數據庫並推行相關計畫，像是「美好生活指數」（Your Better Life Index）和「美好生活計畫」（Better Life Initiative）。該組織也延攬正向心理學家、快樂經濟學家和其他快樂專家為顧問，諸如魯特．費赫文、艾德．迪安納和布魯諾．費萊（Bruno Frey）。從二〇〇九年起，經濟合作暨發展組織強力建議各國的國家統計局採用福祉指數「作為監控和評估施政績效、引導國民選擇以及設計和落實政策」的指標工具[51]，無論涉及的是哪個領域，舉凡從公共資源分配、金融信託、都市計畫、失業問題到稅收結構調整等等。而像是可口可樂公司這類知名跨國企業也跟上時勢腳步，在設有分公司的各國成立可口可樂快樂中心，與快樂經濟學家和正向心理學家合作，每年發布名為「快樂晴雨表」（happiness barometer）的國際調查報告。截至二〇一七年為止，可口可樂在全球多國（包括巴基斯坦）設有數十個分支機構。

儘管分屬於不同學科，但正向心理學家和快樂經濟學家從最初聯手合作時就抱持著同一個信念：快樂並不是一個定義不清或具有超過五十種細微差別（歷史上及哲學上的）的概念，它具有客觀性、普遍性，能夠被客觀、精確地測量。這兩門學科曾經達成的一個關鍵共識，正是「快樂可以被測量」這一點，即使兩者在理論上始終存在分歧——總之，快樂是可以被量化的。他們所提出的快樂概念完全是實證性的，立基於大數據，而不是理論性推測或哲學推測。萊亞德二〇〇三年在一堂講座上說道：「快樂就跟噪音一樣。噪音有很多種類，從吹奏長號的聲音到貓叫春都算是其中一種。但是可用『分貝』標度來比較它們音量的大小」。[52]兩年後，他以快樂與政治的關係為主題，出版他生涯中最重要、最具影響力的一本著作《快樂經濟學》（*Happiness: Lessons from a New Science*）。他在該書中主張快樂不僅是可被測量的，也是一種不證自明的好。萊亞德認為快樂應該被視為人類依天性追求的目標，是一個自然而然的客觀目標——這個觀點與正向心理學家不謀而合：

> 我們天生就追求此一終極目標，其他目標的完成度如何，端看它們對終極目標的達成有著多大程度的貢獻。快樂之所以是此一終極目標，是由於它跟其他目標不

同，它是一種不證自明的好。如果我們被問到快樂為什麼重要，**我們無法給出更多的理由、給出別的理由來解釋。**它顯然就是重要的。就像《美國獨立宣言》所言，追求快樂的權利是不證自明的真理。[53]

然而，我們必須指出，這個主張應該被理解為一個假設，而不是已證實的事實，是一個意識形態，而不是科學真理；它其實是一個套套邏輯，正如萊亞德自己提到的，並沒有更多的理由、沒有別的理由來支撐這個說法。

即使欠缺堅實的理論基礎，快樂科學自信能夠精準、不偏頗地測量快樂，正是它得以與新自由主義式政治的三大精神所在——個人主義、專家治國（technocratic）和功利主義——融合為一的主要魅力之一。依照快樂經濟學者的主張，邊沁的夢想已經成真。功利主義不再是社會工程（social engineering）的抽象烏托邦目標，反而成為科學的真實（reality）。如今，美好生活是可透過技術官僚管理的：個人的心情、感覺、意願、趨向乃至於心靈最隱蔽處的想法，都成為消費市場、政策績效、社會生產力和國家發展大數據統計的一部分。快樂經濟學家信誓旦旦地聲言：「研究者已經成功完成邊沁未能做到的事：設計出方法來測量人們快樂的程度，來計算出人們從不同日常生活事件及生活狀況所體驗到的愉悅或痛苦的程度。54

情感溫度計

由於研究方法持續進展，腦成像技術（brain imaging）、心情追蹤技術日新月異，智慧型手機應用程式不斷推陳出新，以及社交媒體工具的快速發展，實時掌控並取得我們個人的身體信號、日常活動、人際關係、語言使用和習慣出沒地等資訊已經是可以做到的事，快樂經濟學家遂表示已經克服自陳式（self-report）測量方法可能會有的問題——像是內省（introspection）的侷限或文化差異。快樂經濟學家宣稱，快樂已經是可用以衡量經濟發展和社會進步的穩健科學性指標。他們冀望將正向心理學和快樂研究引入政府及其公共管理。如今，這個目標已然達成。

將快樂引入專業治國體系，最明顯見諸於大數據的分析與應用。《哈佛商業評論》稱數據科學家為「二十一世紀最性感的職業」55，而快樂可謂為「二十一世紀最火熱的議題」，兩者堪稱天作之合。事實上，快樂如今是大規模統計數據和「個人資料經濟」（the personal data economy）的一環。二〇一五年在奧蘭多迪士尼世界度假區舉行的第五屆正向心理學世界大會，即以快樂與大數據、政治的關係為探討主題。二〇一七年於杜拜舉行的世界政府高峰會也將之列為重要議題。研究快樂的學者與數據分析師通力合作，透過分析臉書用戶輪廓、推特發文、Instagram 發文、谷歌（Google）搜尋引擎的使用或社交媒體上正向詞彙和負向詞彙的數量來彙整大量的數據資料。學者藉此得以量化各國人民的快樂程度、描繪出世界快樂地圖，建立跨文化的比較基準，對行為模式和數位身分進行研究，或是研究如何將快樂應用在理解和形塑公共意見。與此同時，快樂測量方式中的新趨勢，比如「情感分析」（sentiment analysis）或「量化生活」（quantified self），以及運用對網際網路、手機或社交媒體資料的「探勘」（mining）來計算正面與負面情緒，這些經過提取和分析的結果應用廣泛，比如可用來預測市場趨勢、預測選舉結果，或是以量身打造、個人化的行銷來促進消費者購買意願。

當然，進行「資料探勘」的研究者在快樂這個議題上尚未有任何重大突破性發現，頂多得知：人們比較喜歡週末，不喜歡星期二；下雨天讓人心情不好；憂鬱的人喜愛深色；聖誕節是一年中最快樂的日子……之類的事。然而，對大規模資料進行分析的重要性不在於根據這些大數據可以對「快樂」下什麼定義，而是在於怎麼運用它們。運用數據可以改變我們對快樂的感受、影響我們對快樂的理解，以及我們看待自己和看待世界的方式——

而這一切變化可以在我們不知不覺中發生。透過挖掘我們的活動和愛好——做什麼、何時做、多常做、優先順序——專家、機構和企業便掌握了無價資訊，他們不僅能藉此支配每個人生活的最微小事情——例如左右我們要閱讀哪些新聞，應該觀看哪些廣告，我們在某種心情下可能喜歡聽哪些音樂，或是我們應該考量採納哪些健康建議和生活型態建議——也可透過確立哪些事有利於或無助於增進快樂，進而影響一個社會整體的行為模式。

二〇一四年，臉書揭露它對六十八萬九千位用戶進行了一項實驗。在用戶不知情的狀況下，臉書調整他們動態消息頁面上的內容，藉以觀察使用者的情緒是否會受到朋友張貼的正面、負面訊息影響。[56]該實驗報告提到，用戶在成立臉書帳號時已同意其「資料使用政策」[57]，因此並不侵害用戶權益。此消息一發布，引發輿論一片譁然。爭議不僅僅在於臉書進行實驗前未取得受測用戶的同意，或者臉書並未公開它用來操控用戶情緒的動態消息演算法。真正的問題在於，臉書這家企業能透過操控個人和社交資訊來影響用戶的心情和想法。英國下議院「文化、媒體和運動委員會」的一位議員就擔憂這類企業有能力去操控人們對政治或其他領域的看法。[58]臉書的這項研究凸顯出兩道重大課題：第一，快樂已經成為企業和政治人物關注的焦點，他們不只想了解人們對自己和其他人生活的若干面向有何感覺、反應和評價，更企圖左右人們的感受、反應和評價。其次，快樂已經成為公認的、必須納入考量的優先指標，大至政治、經濟和公共政策決策，小至個人的選擇與決定，都可能參照此指標來定奪。

事實上，快樂之所以在現今新自由主義現代社會裡佔據如此重要的地位，其根本正是立基於社會現象的可被測量和可被量化（或者更確切的用詞，是社會學家溫蒂・埃斯博蘭德〔Wendy Espeland〕和米契爾・史蒂文斯〔Mitchell Stevens〕所稱的「可共量性」〔commensuration〕[59]）。唯有可以測量快樂，才能將快樂當作客觀的、精確的、能夠透過嚴謹科學方法予以研究的概念來販售。快樂作為商品的市場價值和正當性，很大程度取決於它的效用能否被測量——我們將在稍後（第四章）探討這個部分。

要將快樂概念應用在科學領域和政治領域，將其量化也是必要的一步。首先，將快樂分割為多個可計算的、可秤量的單位或變項，就能建立「共同量尺」（common metric），於是，任何迥然不同、通常彼此無關的資訊——生物性的、情緒的、行為的、認知的、社會的、經濟的、政治的——都能夠被整合在一起，再行比較和評估它們對個人快樂程度造成的影響。其次，唯有在快樂的量化方式不改變其概念的意義與特性的基礎上，研究快樂的學者才能進行因果推理和科學實證研究。再來，要制定和分類快樂的相關變項來建立各種「共同量尺」，「可共量性」也是決定性關鍵。透過這些共同標準，便能確立是個人生活裡的哪些面向、哪些事件或哪些行動對其「幸福感」有更關鍵、更正向的影響——無論是睡得好，買了新車，津津有味地大啖冰淇淋，跟家人共度時光，找到工作，到迪士尼樂園遊玩，每週做四次冥想，或是寫感謝函……種種情況都可能增進個人的幸福感。更重要的是，具備「共量性」的快樂就此成為一個可傳播的社會現象，也能作為一個合理的、中立的標準，被引入崇尚科技和科學、需要中立性和客觀性的新功利主義式政治領域，用來指引各種各樣的政治、經濟決策和干預措施。

當快樂可以被測量，快樂經濟學家和政治機構就能夠將個人生活滿意度這個指標置入地方和全球的政治成本效益分析裡，傳統經濟學研究方法便因此受到挑戰：以往計算成本和效益均以貨幣單位來表示，現在改用快樂指數來衡量。事實上，萊亞德就建議，在民主國家裡要正確評估一項政治決策，應該是按「每個可能政策所要支出的每一塊錢所會增加的快樂程度高低」來衡量。⑥⓪快樂既然被視為估算效益的單位，它也可以化為成本支出的單位。比如，快樂可具有對等的貨幣價值——有研究指出，英國人表示有七百萬英鎊就會快樂。⑥①又比如，快樂的增加或減少會帶來經濟獲益或損失——根據蓋洛普的一份報告，不快樂的員工使得美國經濟每年產值少五千億美元。⑥②再比如，要評估一個國家為提高人民幸福所施行的政策效能如何，快樂程度可作為指標。

只要把快樂化為顯然不帶價值判斷的客觀數字，便能夠跨越文化隔閡進行大範圍的成本效益計算，因此，在現今新自由主義社會裡，快樂可作為指引經濟、政治和道德方向的羅盤。快樂經濟學家表示，已經有足夠的研究證據支持：用統一的標準對各國人民的快樂程度進行比較是可行的。因此各國政府和各個組織機構便能毫無疑慮採用快樂相關指標，以這支絕對客觀的「感受溫度計」（affective thermometer）來衡量經濟效用（economic utility）、評估社會進步程度以及指引公共政策的走向。63

技術專家模式的快樂統治力

各種測量快樂的方法並非沒有受到批評。首先，已經有若干作者懷疑這些方法是否經過證實和認可。64經濟合作暨發展組織也曾出版幾本相關指南，同時明確提醒大家，許多快樂測量方法「欠缺一致性，因此得出的結果無法用於跨國比較」。65另一些作者則擔憂這些測量法過於偏向個人主觀感受。儘管有快樂經濟學家信誓旦旦的保證，但個體的快樂程度可否與其他人做橫向比較，這一點還不明確。舉個例子，一個在十分制的快樂量表中得到七分的人，我們如何確定他的快樂程度是跟另一個得分七分的人一樣？一個愛爾蘭人得到七分，我們就能確定他的快樂程度必然高於一個得到六分的哥倫比亞人，低於一個得到八分的中國人嗎？一個得到五分的人會比得到三分的人更快樂多少？滿分十分的快樂究竟意味著什麼？還有一個疑慮則在於：以這些量化研究方法來讓人們估量自己的快樂程度，他們的答案所「提供的有效資訊」（informative）會相當有限。這裡會有一個重要問題：封閉型問卷不僅容易反映研究者先入為主的觀念，甚而產生誘導作用⑥⑥，也會忽略掉政治決策所需要的一些重要資訊。一項新近研究就顯示，與研究者透過訪談得來的描述性回答相較，讓受訪者自行勾選的量表無法呈現社會因素的影響，諸如個人各自的生活情況，為何給出負面評價，以及為何是苦樂參半的感受。該項研究的結論指出，快樂研究的「大患」在於「就算受訪者沒回答好，研究者也察覺不到」。⑥⑦事實上，採取這些有侷限性的測量方式來得知人們對生活的看法，存在一個重大漏洞：影響個體的許多重要因素勢必無法進入公共議題的討論裡——雖然快樂研究的擁護者聲稱快樂指數能夠納入其他指數會忽略的主觀面向資訊。

不過，研究方法並不是唯一也不是最關鍵的顧慮。這些測量結果的應用——例如讓快樂指數躍升為施政的首要參照指標——同樣也是問題所在。我們有理由要懷疑以快樂為基準的政策是否只是煙霧彈，被用來遮掩政治面和經濟面的重大、結構性缺陷。事實上，在英國保守黨前首相大衛・卡麥隆當政期間，警訊已現。二〇一〇年，卡麥隆宣布英國面臨史上最大的經濟衰退風險，隨後宣稱應該將快樂納入國家發展指數。英國保守黨政府將經濟議題暫擱一旁，轉而致力向人民倡導一個新概念：「我們不該只想著做什麼能讓錢進入口袋，而是做什麼能讓喜悅進入心中」。明白人都看得出來，對個人和集體幸福的關注在此顯然是策略，目的在轉移人們的注意力，讓他們不去留意關乎福祉和美好生活的更客觀、更全面指標，屬於經濟面和社會面的那些指標，例如：收入再分配、物質生活不平等、社會地位區隔、性別不平等、民主是否健康運作、貪污和透明化、客觀存在的機會與主觀感知的機會之間的落差、社會救助、失業率等等。另一個例子是以色列。以色列人很自豪自己的國家在全球最快樂國家排行榜上名列前茅，彷彿排名領先可以掩蓋兩個鐵錚錚的事實：他們的國家是全世界貧富差距最大的國家之一，以及他們始終佔領著巴勒斯坦人的領土。

類似現象如今逐漸浮現。面臨普遍貧窮、侵害人權情事持續發生、人口營養不良率高、嬰兒死亡率高、自殺率高等問題的國家，例如阿拉伯聯合大公國和印度，皆已決定採取快樂指標來評估公共政策的效果。二〇一四年，阿拉伯聯合大公國總理暨杜拜酋長穆罕默德・本・拉希德・阿勒馬克圖姆（Sheikh Mohammed bin Rashid al-Maktoum）指示在杜拜市內廣設觸控式螢幕以實時掌握國民對各項生活指標的滿意度，以期打造出「世界上最快樂的城市」。二〇一六年，阿拉伯聯合大公國在立國四十四年之後首度進行政府改組，亮點措施之一即是成立「快樂部」來創造「全民福祉和增進人民的滿意度」。被任命為快樂部長的奧哈德·阿爾羅烏米（Ohood Al Roumi）告訴CNN，政府任務在於「打造出人民能夠發揮最高潛能、邁向圓滿，選擇過得快樂」的環境。她也說明：「我們阿拉伯聯合大公國人認為快樂很重要。我就過得很快樂，我是很正向的人，我選擇每天要過得快樂，因為那是驅動我進步的動力，是我生活的目標和意義，所以我總是把半杯水看為半滿的。」印度執政黨人民黨（總理為納倫德拉·莫迪〔Narendra Modi〕）的官員希夫拉傑·辛格·喬汗（Shivraj Singh Chouhan）是一位瑜伽愛好者，他也曾發表類似論調：「物質財富或經濟發展不足以讓人們過得快樂，還必須在他們的生活裡注入正面積極性。」

然而，快樂指數測量最重要的意義之一也許在於，它讓棘手的政治、經濟課題得以用看似無意識形態、純粹專家治國的方式來解決。無論是評估一項疫苗接種計畫、一項學校介入輔導措施或一項新稅務措施，國民快樂指數均被視為客觀的標準。比方在稅務方面，阿雷安卓·阿德勒（Alejandro Adler）和塞利格曼主張快樂應該被當作標準來「幫助政策制定者規劃出不會減少社會福祉又能帶來最高稅收的最佳稅制結構。計算不同稅率下的社會福祉多寡，即能設計出讓國民福祉最大化的最適租稅結構」。⑱因此，稅制設計不再有政治面或社會面的考量，而純粹是技術性工作，只要依照不同稅率為國民所帶來的快樂程度來分類排序即可。兩位作者亦主張在道德和政治課題上也應該按照同樣的邏輯行事。

對於賣淫、墮胎、毒品、刑罰或賭博等具有道德爭議的課題，我們社會如何做出正當的決定呢？贊同或反對兩方的論點都說得通。然而，個體或小團體的價值觀絕少被當作參照標準。在公共政策上運用福祉指數，其優勢之一在於自陳式測量方法的主觀特性。對於上述與道德密切相關的課題，建立在個人偏好上、反映出個人價值標準和生活目標的測量指標，對所有政策制定者而言是一個民主、公平（從功利主義角度）的工具，他們可據此做出符合社會大眾期待的決策。⑲

近來快樂測量的另一個應用範圍，在於處理社會不平等問題。許多經濟學家主張，為了達到社會繁榮，以及滿足人對尊嚴、被認可和福祉的需求，政府應該提供最低限度社會保障（social protection floor），並以良好的再分配來實現社會平等。⑳但新近的一些研究發現，收入分配越不平均並不意味人們的快樂程度相對越低。從大規模資料探勘得出的研究結果似乎證明了收入越不平等、貧富差距越大時人們越快樂，經濟成長率也越高，特別是在發展中國家。很顯然，社會不平等不必然帶來怨恨，反而成為一項「希望因子」（hope factor）——窮人將富人的成就視為激勵，他們想成功的動機越強時，所懷抱的希望越大，快樂程度也越高。這樣的趨勢並不令人意外。快樂概念所隱含的功績主義和個人主義價值觀非但沒有促使財富不均的程度降低，反而還掩蓋了社會階級的差異，並強化起點不平等的體制內的競爭。新近的一些快樂經濟學研究表明，社會越不平等，個人認為自己未來有越多機會，因此會過得越快樂。舉例來說，凱利（Kelley）和伊凡斯（Evans）最近的一項研究得出的結論是：「收入不平等程度和快樂程度有相對的正相關」。他們也指出，此一「關鍵事實」大多見於開發中國家，而在已開發國家，社會不平等和個人快樂之間則「沒有直接關係」，「既不減損也不增長」人們的快樂程度。[71]政府是否應該採取政策來減少不平等？這項研究無非證實了：沒有必要。

在過去和現在，**許多國家致力於減少收入不均現象。許多人表示願意犧牲經濟成長來換取平等。我們的研究結果顯示這些努力是誤入歧途**：這是因為在我們觀察研究的社會中，收入不平等現象普遍來說並不會降低個人的主觀幸福感。在開發中國家，社會不平等還會提升人們的快樂感。由此可見，像是世界銀行這類國際機構目前以減少收入不均為目標所推行的各項舉措，很可能會讓貧窮國家人民的幸福感降低。⑫

從專家治國角度，訴諸於快樂指標是相當方便、省事的。快樂指標似乎為技術專家治國的去人性化世界觀塗上一層人性化的色彩。這裡的概念重點在於，國民快樂指數可以準確反映社會大眾的感受和意見，因此沒必要去問民眾對政府政策的看法，只需要請他們填寫各個題目有五個選項的問卷，調查他們對自己生活的滿意度。相反地，若是調查民眾對特定事項的意見，必然眾說紛紜、莫衷一是、難以解讀。聯合國最初發表「全球幸福報告」時，萊亞德和歐唐納（O'Donnell）特別強調兩點：首先，國民快樂指數應該是每個民主國家制定良好政策的參照標準；再者，詢問人們對某個公共政策的評價，只會「帶來荒謬、無意義的答案」，快樂指數更為可靠，是一種「強有力、以證據為基礎的公共決策新工具」。⑬然而，不信任民眾能夠提出有意義的意見，因此不詢問他們的真正看法，只將活生生的個體化為數據，這樣的做法似乎是專制，而不是民主。誠如威廉．戴維斯⑭所指出的，新功利主義式、技術專家治國式的取徑其實和民主制度並不相容；也許民主的範圍已經擴展得太大，超出可管制的界線，因此，像是快樂這類可以量化、可將意見和信念「均質化」的概念，一個令人聯想到社會福祉的概念（雖然兩者連結性逐漸減弱），已經成為技術治國的有效策略工具。真正民主的決策過程可能帶來難以駕馭的結果和政治挑戰，而採用快樂指標可以沾到一點民主的邊，卻不需要面對棘手後果。

快樂如今無疑是一個高度政治性的概念（英、美等盎格魯撒克遜國家，早在其社會進入現代發展階段時即有此現象發生）。快樂經濟學家和正向心理學家都不否認這點。他們承認快樂帶來的後果影響不僅限於經濟和社會層面，也反應在政治層面。如同艾希莉・弗羅利（Ashley Frawley）所指出的，將近四〇%的正向心理學研究論文以呼籲政府政策介入作為結論。⑮然而，他們並不願承認快樂研究和其各種實際應用可能存在政治和文化動機；也就是說，快樂科學研究和其政治、經濟及社會面實踐背後存在著意識形態議程與文化偏見。研究快樂的學者透過緊抓住科學事實與價值觀的二分法來避開任何文化、歷史或意識形態角度的質疑；他們堅稱，科學研究方法取徑能給「快樂的人」一個中立的定義，使其免於滲入道德原則、倫理規範和意識形態價值觀。然而，這樣的聲明顯然和我們觀察到的事實有所矛盾：實際上，快樂概念與新自由主義意識形態裡的個人主義式假設和倫理要求有著相當密切的關聯。這是下一章的主題。

第 2 章
重新喚醒個人主義

Rekindling individualism

一旦脫離家庭、宗教和天命，脫離所有權威、義務、道德榜樣的源頭，自我首先會透過自主地追求快樂和滿足自身欲望來力圖發展自身的行動形式。但自我的欲望究竟是什麼？自我要透過什麼標準、什麼能力來辨識出自身的快樂？面對這些問題……個人主義似乎比過去任何時候都更加堅決要甩開任何並非個人親身驗證過的標準。

——羅伯特．貝拉（Robert Bellah）等，《心靈的習慣》（*Habits of the Heart*）

快樂和新自由主義

我們認為，新自由主義應該被視為更廣泛、更基本的現象，而不僅僅是政治和經濟實踐的理論。就如我們在別處①提及的，新自由主義應該被視為資本主義的一個全新階段，其特點包括：經濟的領域和範圍毫不留情地往社會各層面擴張②；在政治面和社會面的決策過程中越來越仰賴科技性和科學性標準③，再度重視起功利主義的選擇、效用和利益最大化原則[4]；勞動力市場不確定性加劇，經濟環境越趨不穩定和市場競爭越趨白熱化，冒風險的決策增加，組織走向彈性化和去中心化[5]；包括身分、感受和生活風格等等的象徵性和非物質性事物被商品化[6]；心理治療風氣日益興旺，情緒健康[7]和個人自我實現的需要成為社會進步與制度性干預措施的核心任務[8]。而更為根本的一個事實是：新自由主義應當被理解為一種個人主義式的社會哲學，其主要關注的焦點是自我。而依照妮可・艾許沃夫（Nicole Aschoff）的看法，它對人的主要假設可總結為一句話：「我們都是獨立、自主的行動者（actor），在市場相遇，各自打造自身命運，在此過程中創造了社會。」[9]因此，要了解新自由主義全貌，不該僅從其結構性特徵來看，也得從其基礎假設著眼，也就是說，我們得關注新自由主義的倫理和道德準則。根據其準則，每個個體都是（也應該是）自由的、有謀略的、負責的、自主的，他能夠任意掌控自己的心理狀態，實現自己的興趣，以及追求人人與生俱來的人生目標：獲得想要的快樂幸福。

自二十一世紀初以來[10]，所有人突然對快樂大感興趣，且這股風潮還越演越烈，其實絲毫不令人意外。因為吉爾・里波韋茲基（Gilles Lipovetsky）所稱的「第二次個人主義革命」[11]已塵埃落定，那些在各地普遍發生的個體化（individualization）以及心理化（psychologization）現象，深刻改變了先進資本主義社會裡「當責」（accountability）的政治和社會意涵。這場革命使得這些社會的結構性缺陷、矛盾和弔詭都變成心理特性和個體責任。比如工作關乎個體的生涯計畫、創造力和創業精神；教育關乎個體的能力和才華；健康關乎個體的生活習慣和生活方式；愛關乎兩個個體的情投意合和互補；身分關乎個體的選擇和性格；社會發展關乎個體的成長和興旺發展等等。⑫這是各地普遍輕社會面而重心理面的結果⑬，大寫的政治（Politics）逐漸被各種療癒式政治所取代⑭，而在新自由主義對「公民資格」（citizenship）的定義（我們將在第四章闡述）裡⑮，個人主義論述逐漸由快樂論述取而代之。

由此看來，快樂不該被視為一個無害、良好的抽象概念，被等同於健康和滿足。它也不該被視為一個空殼概念，毫不摻雜任何根深柢固的文化、道德或人類學預設與偏見。為什麼是快樂，而不是其他價值理念——例如正義、謹慎、團結或忠誠——在現今的先進資本主義社會裡發揮如此重要的作用？快樂為什麼就是足以解釋人類行為的有力論證理由？我們認為，快樂在新自由主義社會裡變得如此重要，其理由之一在於快樂概念和個人主義價值緊密相繫——作為個體的自我被視為最高的價值，群體和社會則是個別自主意志所組成的集合體。更確切地說，我們認為，快樂在新自由主義社會裡之所以變得如此重要，也是因為事實證明它是極有用處的概念。透過科學的、中立的、權威的論述，以及看上去非意識形態的詞彙，「快樂」這個概念最終重新喚醒了個人主義，賦予它正當性並且重新將其制度化。

誠如傅柯（Michel Foucault）和許多其他思想家所主張的，不直接訴諸於道德或政治，而是訴諸於人類天性的中立論述，一向更有說服力也更容易被制度化。⑯在正向心理學和快樂經濟學大傘下，許多學者已經讓快樂概念變成一個有力工具，用以強調個人得為自己的命運負責，並且將強烈的個人主義價值假裝成學科知識傳遞出去。⑰事實上，已有眾多學者深入分析快樂科學研究的理論假設、道德取向和研究方法，對其中潛藏的強烈個人主義傾向提出批評。⑱快樂概念和個人主義之間固然有此等密切關係，但重點在於：不能說**儘管**快樂是一個濃厚個人主義的概念，它還是引起共鳴，而該說，**恰恰因為**它隱含著個人主義價值才大受歡迎。可以說快樂理念之所以風靡全球，其中一個理由在於它提出一個合理正當、普世化、去政治的個人主義論述⑲——將個體生活與社群生活區分開來，將「內在我」（inner self）視為所有行為的根源和起因。

正向心理學家、快樂經濟學家和其他快樂專家在此發揮了關鍵作用。事實上，正向心理學是將快樂和個人主義最緊密連結在一起的一個學科，以致兩者相互倚賴，甚至成為可以互通的概念。當然，個人主義式的假設和偏向並不是正向心理學及其快樂理念所獨有的特徵。它們實際上也是主流心理學的基本特性。⑳我們稍後會說明，兩個學科的主要差異點在於正向心理學明確地讓快樂和個人主義形成一個循環關係——無論是在道德層面或概念層面上。

正向心理學和個人主義

比方就道德面上，正向心理學家只承認個體本身為任何規範的定錨點：只要個體本身認為快樂是好的，等同於自我實現，那麼快樂就是好的。塞利格曼即主張，只要是個人發揮其性格優勢所做的行動或所得到的樂趣，都應該被稱為快樂，即使是「施虐受虐狂（sadomasochist）從連續殺人得到極大樂趣……職業殺手從暗殺行動得到極大滿足……投效蓋達組織（al-Qaeda）的恐怖份子劫持一架飛機衝撞世貿大樓」這些行為。㉑雖然塞利格曼強調他「當然譴責這類行為」，但僅能以「正向心理學理論之外的理由」這麼做。㉒依他之見，正向心理學就和其他科學學科一樣是描述性的，因此在道德上乃是中立。當然，這極為矛盾：正向心理學假設快樂是好的，其證成理由就和任何其他證成理由一樣具有道德主觀性。㉓塞利格曼堅持他的立場：「正向心理學的任務並不是叫你應該樂觀，應該修身

養性，應該友善或擁有好心情；它的任務是描述這些特徵的結果……你要怎麼運用那些資訊只取決於你自身的價值觀和目標」。㉔

在概念層面，正向心理學家將快樂和個人主義緊密聯繫在一起，使得個人主義成為實現快樂之文化倫理上的先決條件，而快樂也作為一個科學性概念，用來證明個人主義的道德正當性價值。㉕兩個概念之間的唇齒相依關係往往會導致論理上陷入套套邏輯。正向心理學家認為，就像追求快樂是人類的天性，人類只要獨立自主地追求目標，就能自然而然過得快樂。㉖許多正向心理學文獻和書籍都聲稱，實證證據已經證明，無論其他社會、經濟和政治因素的影響如何，個人主義這個因素始終都與快樂息息相關（反之亦然）。㉗正向心理學家進行的跨文化研究結論即為明證。例如正向心理學家艾德・迪安納及其同事的研究就表明，儘管存在其他社經和政治因素的影響，個人主義仍是與快樂關係最密切的一個變項。和非個人主義或集體社會相較之下，活在個人主義社會裡的公民會對生活有更高的滿意度。迪安納及其同事認為箇中主要原因，在於個人主義社會裡的公民「有更多自由來決定自己要走的人生道路」，「更可能把成功歸諸於自己的努力」，並且有更多機會來「追尋自己的目標」。㉘魯特・費赫文也持這個觀點，他提到個人主義現代社會提供了「合於人類自我實現需求的挑戰性環境」，因此有助於提升其公民的快樂程度。㉙同樣地，學者尾石（Oishi）指出，個人主義（強調個人獨立和個人價值）與人們的幸福感及生活滿意度有最高的相關性，這是為什麼澳洲人和丹麥人會比韓國人和巴林人更快樂的理由。㉚史提爾（Steele）和林奇（Lynch）的研究顯示，個人主義也可以用來解釋為什麼一些國家國民的快樂程度逐漸在提升——比如中國。這是由於在那些國家裡，有越來越多的人接受個人責任倫理，包括那些社會地位相對弱勢的族群在內。㉛另一些正向心理學家諸如阿胡維亞（Ahuvia）也指出，經濟發展程度越高的國家其人民快樂程度之所以會越高，並不是因為他們有更好的生活條件或更高的購買力，主要原因在於其社會發展出個人主義文化，鼓勵人們去追求個人前程和目標。㉜費雪（Fischer）和波爾（Boer）的研究總結道：綜觀所有因素，「明顯可見個人主義程度越高者，快樂程度也越高」。㉝

究竟是哪些變項對國民幸福感有最大的影響力，學者們對此尚無定論，㉞但大部分正向心理學家都同意，個人主義程度越高的國家其國民也越快樂。這些學者經常找到佐證來證明快樂和個人主義之間的正相關關係，這絲毫不令人意外。因為正向心理學家將快樂概念化，而測量快樂的方式一開始就帶有個人主義觀點。事實上，該門學科從創立以來的特點之一，就是刻意淡化乃至忽略環境因素對個人快樂感的影響作用。這點在他們許多跨文化比較研究與用來量化快樂的測量工具中都明顯可見。相當流行的「生活滿意度量表」

（Satisfaction With Life Scale, SWLS）[35]就是一個例子，從中可以看到這類問卷如何傾向於過分強調個人因素和主觀因素，而遺漏社會、經濟、文化、政治因素或其他較客觀因素。正向心理學的理論也呈現此傾向。塞利格曼著名的「快樂公式」即清楚表明此門領域的重個人主義而輕社會偏見。

快樂公式

塞利格曼在他二〇〇二年出版的《真實的快樂》（*Authentic Happiness: Using the New Positive Psychology to Realize Your Potential for Lasting Fulfillment*）一書中首度提出所謂的「快樂公式」。H（快樂）為S（遺傳基因決定的快樂範圍廣度）+V（個人可依自己意願來進行的活動）+C（個人的生活環境條件）的總和。[36]塞利格曼表示，正向心理學對快樂的本質的突破性發現都濃縮在這一條簡單的公式裡：遺傳基因佔五〇%，個人意志、認知和情緒因素佔四〇%，而生活環境條件和其他因素，諸如收入、教育程度和社會地位等僅佔一〇%。塞利格曼指出，所有「環境條件」因素可以併為一項，「因為說來令人驚訝，它們當中任何一個對快樂程度的影響都微乎其微」。[37]

塞利格曼的快樂公式雖然在科學上很難站得住腳，但總結了正向心理學的三個關鍵假設。第一，個人的快樂程度九〇％由個人因素和心理因素所決定。第二個假設與前者不無矛盾之處，即個人可以透過選擇、意志力、自我提升和其他恰當的知識竅門來獲得快樂、操控快樂，讓快樂最大化。第三個假設則是，非個人因素對個體快樂所起的影響作用微不足道。塞利格曼急於闡明的是，是個人對那些環境與情境的個人主觀感知決定了他的快樂程度，而不是環境本身。比方以金錢和快樂的關係來說，「並不是金錢本身重要，而是你認為有錢有多重要」。(38)雖然塞利格曼承認客觀環境條件對個人的快樂程度可能有所影響，但他的結論是它們的影響極其有限，並不值得花心力去改變它們：「沒錯，有些環境條件會讓人更快樂，但是試著改變自身條件和周圍環境通常毫不實際而且成本高昂」。(39)

掌握四〇％快樂的方案

正向心理學家很快將這則快樂公式奉為重要的指導方針。例如正向心理學家索妮亞・柳波莫斯基（Sonja Lyubomirsky）在她的人氣著作《這一生的幸福計畫》（*The How of Happiness: A Scientific Approach to Getting the Life You Want*）中就主張，這則簡單公式有憑有據地說明了快樂的決定因素：「如果我們可以承認人的生活環境條件並非快樂的關鍵，我們會更有能力為自己覓得快樂。」㊵據此，柳波莫斯基鼓勵大家把注意力放在自己身上，而不是放在個人環境境遇。她指出這是增進快樂的關鍵，稱之為「掌控四〇％快樂的方案」。依她之見，專注於改變我們在日常生活中的感受、思考和行為方式，遠遠會比任何其他方法更能有效地增進快樂。理由之一在於，無論是遺傳基因或環境條件都不可能改變，或不值得花工夫去改變；再者，也由於人若不改變自身，無論他們的人生是順遂或不順遂，很快就會回到他們天生固定的快樂範圍廣度（S）——即由每個人各自遺傳基因所決定的快樂程度。柳波莫斯基在該書中先談及正向心理學自創立以來展現的所有科學特質及其突破性發現，接著就用絕大部分的篇幅教導讀者能透過哪些「快樂行動」來增進他們可以自主控制的四〇％快樂。這些行動包括表達感恩、培養樂觀心態、避免想太多、調適壓力、活在當下，以及品味生活樂趣。

這條快樂公式遭到不少嚴厲批評，其中之一來自芭芭拉．艾倫瑞克。她在其著作《失控的正向思考》（*Smile or Die: How Positive Thinking Fooled America and the World*，譯註：此為英國版書名）中直指塞利格曼的「可疑公式」缺乏科學邏輯和統計證據，也憂心他如此低估環境因素的作用會遭致的社會後果和道德後果。㊶艾倫瑞克質疑：如果正向心理學家主張為真，那麼為什麼要鼓吹大家找更好的工作，進更好的學校，選擇更安全的社區居住，或是投保更高額的綜合健康保險呢？既然這些做法對人們快樂程度影響微乎其微？我們是否就應該接受收入多寡並不是影響是否快樂的主因？然而，該怎麼看待那些勉強維持生計、未雨綢繆存退休金、支援失業家人或有貸款要付的許許多多家庭？這些中低階級家庭若能享有更高、更合理的薪水，不就能夠降低他們的社會排除程度和日常生活壓力嗎？

在所有「環境條件」因素當中，收入這項因素和快樂的相關性尤是引發各方辯論，莫衷一是。正向心理學家的立場很明確：金錢與人的快樂之間沒有顯著相關性（但這就令人納悶了：為什麼許多人的觀點恰恰相反）。諸如理查·萊亞德等快樂經濟學家則抱持一個類似但稍微不同的主張。萊亞德認為金錢對於那些收入「較低」的人可能很重要，但收入超過一定入門檻後，就跟快樂和「情緒幸福感」（emotional well-being）毫無關係。㊷然而他們卻從未明白確立過這個門檻。不同研究指出的年收入門檻可能是一萬五千美金㊸，也可能是七萬五千美金㊹。史蒂文生（Stevenson）和沃爾夫斯（Wolfers）已對前述的假設打上問號。他們指出，「並沒有相關數據資料來支持該主張」㊺，「證據薄弱而且不完整」。㊻他們的研究顯示，「收入多寡和主觀幸福感的正相關關係不僅明顯，且此關聯性不分國家、不分年代都恆定存在」，因此，「經濟成長不會讓主觀幸福感提升」這樣的主張不該再被提起。㊼一如艾倫瑞克，史蒂文生和沃爾夫斯都強調，這樣低估收入和其他社會經濟條件對人們快樂程度的影響，會產生重大的社會和政治後果：「說絕對收入對快樂的影響微小，這樣的定論對政策會有深遠影響。如果經濟成長對改善社會福利的作用極小，那麼它不應該是政府施政的第一目標。」㊽

這個假設最極端的說法即是：人們（以及公共政策）無力長久維繫快樂，因為個人的快樂會無情地回到他天生的快樂值範圍。我們的發現證明這個調適論點是錯的。我們發現，那些享受更良好物質條件的人也有更高的主觀幸福感，而生活水平越提升，主觀幸福感也越高。㊾

同樣地，如果正向心理學家的主張為真，環境因素對人們的快樂程度沒有顯著影響，那麼人們對前途感到沮喪、煩惱或焦慮不安時，為什麼要歸咎於社會結構、政府機關或生活條件不好呢？為什麼承認優渥的生活條件正是一些人會比其他人表現得更好、感到更快樂的因素？正向心理學家的這種觀點是不是換個方式證明功績主義式的假設：每個人終究只應得到他所應得的？畢竟，一旦將所有非個人因素排除在外，除了個人的長處、努力和堅持不懈以外，還有什麼能解釋他們的快樂或不快樂呢？正向心理學家的這個主張因其短視以及破壞性的社會後果與道德後果，其實不斷受到嚴厲批判。黛納・貝克（Dana Becker）和珍妮・馬雷塞克（Jeanne Marecek）將這類主張令人不安的內涵總結得很好：

> 好生活不是人人都可輕鬆達到，不是人人都能平等享有。社會階級、性別、膚色、種族、國籍和種姓的差異所造成的地位和權力差異，對個人的幸福有顯著影響。這些結構性差異會大幅影響一個人能負擔的醫療服務、享有的教育機會和經濟機會、在刑事司法系統裡能否享有公平的待遇、能否享有安全穩定的生活環境、其子女的前途，甚至是死亡率。一個人若是缺乏這些生活基本條件，要怎麼達到所謂的生命圓滿巔峰（fulfillment）？說毋須改變社會，只需要進行心理自助練習就足夠，這不僅是一種短視的觀點，而且在道德上令人反感。[50]

康納曼後來也對正向心理學對環境條件因素的理解表示懷疑：「在我看來，正向心理學領域的那些人似乎在說服人們，可以毋須改變自身情況就過得快樂……這正合保守主義政治的心意。」[51]面對所有這些批評聲浪，正向心理學家仍然堅持定見，不是略過不提任何外在因素，就是側重個人心理因素的重要性。在正向心理學研究和文獻出版物中，針對社會因素（像是權力關係、權威、身分地位差異、遷移、正義或強制〔coercion〕等）對快樂的影響的探討分析少之又少。正向心理學家表示，環境處境因素對快樂的影響力只佔一〇%，這個主張聽來或許像是一個「違反直覺的發現」52，但他們的研究結果一再顯示，個人幸福感和社會結構、政治、經濟條件（包括不平等率、公共教育、人口壓力和社會支出〔social expenditure〕等）之間並無顯著相關。53

柳波莫斯基和其他正向心理學家會說仍然存在一絲希望，掌握四〇%快樂的解決方案仍然給予每個人相當大的範圍來打造自己的幸福。因此，無論我們的生活處境如何困難，所在時代如何混亂，快樂和自我進步的主要關鍵始終操之在己。一如塞利格曼所指出的：試圖改變我們所無法改變的環境純屬徒勞無益，只會帶來挫折感，54努力改變自己則會帶來實質又持久的增進幸福效果。此說法雖然令人不快，但在晚近數年卻引發人們的巨大共鳴。在這個瀰漫不確定與無力感、政治和社會混亂的時代，我們只需往內看就可以找到幸福感——這樣一種承諾的確可以給予一些人能夠掌握生活的力量感，對另一些人來說則可能是排解焦慮不安的出口。然而，我們應該要問，對於正向心理學所承諾解決的若干問題，這樣一種個人主義式的快樂概念究竟是助力還是阻力？它是不是造成更多傷害而非帶來好處？比如，反倒讓人們不滿意的狀況持續下去，甚至造就出更多不滿？

退回內在堡壘

在二〇〇八年全球金融危機過後，人們尋求個人發展教練和專家的協助已經成為一種普遍現象。各家媒體、許多網站和部落格紛紛為讀者提供建言和訣竅，例如遇上麻煩困難時如何處理自己的感覺，也強調自我照顧的重要性，一旦忽略後果堪虞云云。在短短數年內，主題類似的撰文如雨後春筍般湧現。二〇〇九年刊登於《赫芬頓郵報》（*Huffington Post*）的〈如何在危機時期照顧自己〉一文（二〇一一年又重新刊登一次）即是其中一例。該文作者是職涯教練暨高階獵才顧問，他寫道：

> 我們當中許多人正在經歷混亂、不確定和恐懼的時期——迴避這個事實只會有害無利。我們每天都聽到經濟景氣和失業狀況……壓力往往會綁架我們的身心，讓我們忽略照顧自己。這會對我們的健康造成負面影響，也阻礙我們發揮能力來克服逆境……有鑒於此，我想提供自我照顧的幾個基本訣竅。要保持自尊……多大

笑，多微笑……關注生活中的小事……以及全神貫注於當下……裁員、財務困難很容易讓我們貶低自我價值，甚至是自我忽視（self-neglect）。我們比以往任何時候都更有必要保持覺知並投入簡易的自我支持練習，照顧好自己才能從容度過可能為個人帶來風險和挑戰的全球混亂時期。因此，請你自問：你可以做哪些事來照顧自己？55

二〇〇八年的全球金融危機導致各國經濟情況一落千丈，接下來的一段時期，商業機會減少，貧窮和不平等惡化，工作機會縮減，許多金融機構岌岌可危，民眾對政府施政普遍產生不信任。即使十年過後，該次金融危機造成的影響仍然存在，許多後果似乎已變成固定化、持續性的狀況，因此有人要問：我們如今是否生活在一個退化的時代——一個社會、政治和經濟發展都大幅倒退的時代。56此外，儘管那場金融危機讓大眾意識到全球形勢的不穩定和嚴峻，但許多人仍然看不到或難以理解政治、經濟與社會結構性力量如何能夠形塑每個個體的生活。對未來的不確定感、不安全感、無力感和焦慮在我們心底開始根深柢固，那些呼籲我們回歸到自身與省思自己的論述這下子找到發展壯大的理想溫床。這類主張不斷增生擴散，滲入人們腦中，特別是受金融風暴打擊最嚴重的那些人。

數十年前，克里斯多福．拉施（Christopher Lasch）主張，在艱難時期，人們每天的生活會成為一種「精神存活」（psychic survival）鍛鍊。人在面對不穩定、有風險和不可預測的環境時，會採取一種「情緒避難」（emotional retreat）應對方式，不再投入公眾事務，轉而只關心自我提升和個人幸福。57同樣的，以撒．柏林（Isaiah Berlin）曾經提出「退回內在堡壘」觀念——「在外在世界格外荒涼、殘酷或不公正時似乎會應運而生」這種個人主義式策略，促使我們逃入真我的內在堡壘。58傑克．巴巴利特（Jack Barbalet）也發表過類似意見，他指出「在難以影響經濟、政治與其他形勢的時代，人們可能會將焦點放在自身情緒狀態」。59因此，儘管「回歸自身」並不是一個嶄新的、我們時代所特有的概念，但這個呼聲是於晚近幾年才重新燃起，特別是在二〇〇八年全球金融危機引發一連串的經濟與社會變化之後。60一如社會學家米雪爾．拉蒙（Michèle Lamont）近來所提到的，二〇〇八年後的新自由主義社會裡，個人已經轉而相信「他們必須透過內省來增強意志力，以便靠自己的力量重新振作，並且更有力地對抗經濟衰退的浪潮」。61這個信念引起的社會後果不容小覷。它不僅使得個人不再關注群體和政治，改而過度專注於自身62，也說服人們相信：自己的問題能否解決，主要憑靠個人努力和心理韌性，此外，要靠集體行動推動社會與政治改變的可能性有限。

「正念」有限公司

近年來，快樂療程、服務和商品的供應和需求不斷增加。這個現象應該被視為一個新興文化風潮的症狀，也是其成因。此趨勢指的是：人們為了應付不確定感和無力感、解決不安情況，藉由探索內在來找到心理鑰匙和意志力。[63]「正念」（內觀）（Mindfulness）即是一個絕佳例子。「正念」傳達的訊息是，當我們優先把注意力放在自己的內在，並不會產生挫敗或無望感，這麼做反而是讓自己在瘋狂紛亂現實世界中茁壯成長、穩固強化能力的最好方式。無論是帶有修行氛圍或是以更科學的、世俗的語言來呈現的版本，「正念」方法都鼓勵人們樹立一個信念：如果他們相信自己，如果他們有耐心，如果他們不評判（non-judgemental），如果他們學會放下，生活中的一切都會變得順利。正念課程教導學員如何專注於他們內在真實的風景，擁抱當下和真實的感受，細心品味生活中的每件小事，將興趣放在優先順位，無論在什麼環境下都採取正面、平靜和充滿韌性的心態。二〇一六年，《時代雜誌》（*TIME*）出版以《快樂科學：帶來更喜悅生活的新發現》為題的特刊，內容涵蓋正念、靈修（spirituality）和神經科學等課題。其中幾篇文章提供讀者若干建議，包括：「活在當下」就能「更有生產力，也更快樂」[64]；應該保留時間給自己，「別因為他人，比如家人的需索要求」就奉獻出全部時間(65)；應該在平凡日常小事中「找到樂趣」，像是「把蔬菜切成均等大小」。(66)還有一篇文章以〈活在當下的藝術〉為題，講述了俄亥俄州民主黨籍眾議院議員提姆．萊恩（Tim Ryan）的故事。他甫結束一次正念體驗，深感著迷，決定為這個領域的研究爭取更多的聯邦政府預算：

二○○八年選舉過後不久，承受沉重壓力、已經疲累不堪的萊恩到喬．卡巴金（Jon Kabat-Zinn）正念中心參與課程。萊恩將兩支手機關機，經歷了三十六小時的靜修。「我的頭腦靜了下來，感覺到頭腦與身體真正達到同步。」萊恩說道。「我去找喬，跟他說：『我們得研究這個，把它排進學校課程，把它引進醫療保健體系』。」(67)

近幾年來，正念療法確實成為公共健康領域的核心議題。它迅速融入政府公共政策，被引進學校、醫院、監獄和軍隊，甚至被應用在針對貧困族群（從美國芝加哥處於社會邊緣的非裔婦女(68)，到西班牙馬德里收容所裡的遊民(69)）的憂鬱症心理治療上（費用便宜但也講求有效性）。也見越來越多學者投入正念研究。「正念」概念為一九八○年代晚期與起，在二十一世紀初期由正向心理學家推廣普及開來，但直到二〇〇八年後才在學術界掀起一股研究熱潮。只要在美國醫學期刊文獻資料庫（PubMed）以「正念」為關鍵字進行檢索，就會發現，從二〇〇〇年至二〇〇八年間，標題或摘要帶有「正念」一字的文獻僅有三百件，從二〇〇八年至二〇一七年間則高達三千件以上——如今從經濟學、企業管理到神經科學領域都在運用和討論此概念。[70]與此同時，「正念」本身成為一門獲利豐厚的全球性產業，年產值超過十億美元。無數打著「正念」名號的商品大行其道，從課程、線上教學、靜修到智慧型手機應用程式都廣受歡迎，獲利可觀。舉個例子，目前在手機應用程式市場上，「正念」、冥想類的產品已超過一千種，其中最熱門的「頂空」（Headspace），全球下載量已突破六百萬次，單是二〇一五年締造的收入就超過三千萬美元。[71]而在勞動領域中，有越來越多的跨國企業，像是通用磨坊（General Mills）、英特爾（Intel）、福特（Ford）、美國運通（American Express）和谷歌（谷歌近來推出「搜尋你的內在關鍵字」〔Search Inside Yourself〕課程），也引入正念技巧訓練，教導員工如何更妥適地處理壓力、改善不安全感，以及透過情緒管理來增加生產力和彈性應變能力。就連穩健發展中的「教練」產業也對「正念」概念趨之若鶩，「正念教練學」目前蔚為流行。

有正向心理學家站在最前沿，如今來自不同社會光譜、形形色色的快樂專家都將「正念」奉為珍寶。「正念」概念與快樂科學以及其應用實踐的確是天作之合。因為這門學科將人的內在性具體化，將責任歸諸於個人自身，並且將關注自我提升（從內在自我、身體到精神狀況）這件事定位為一項道德要務、個人需求和經濟資產。「正念」概念也與快樂科學學術界和實務界秉持的個人主義式假設、對社會的狹隘解讀及新自由主義世界觀相當匹配。就和快樂科學家及專家所背書的其他許多概念和技巧方法一樣，「正念」之以所會風行起來，在於它可望成為解決當今新自由主義社會許多特有問題的萬靈丹。它的蓬勃發展也立基於其信念：所有這些問題的根源在每個人自己身上，跟社會、經濟的現實狀況無涉。據此，社會並不需要改革，而是個人需要適應、改變自己和自我提升。「正念」也像許多語義相似的詞語一樣，在現今不安定的市場經濟環境中帶給人們一種平靜感，讓他們感覺一切正常，感覺機會仍然存在。然而，「正念」的奉行者只是習得一些技巧，從而能夠將注意力放在自身而不是外在世界，但並不一定會達成「正念」承諾的有益效果。一如米格爾·法里亞斯（Miguel Farias）和凱薩琳·維克霍姆（Catherine Wikholm）在合著的《佛祖藥丸》（*The Buddah Pill*）一書中所指出的，「正念」往往加重人們的憂鬱感和焦慮感，而且過度專注在自身會讓人們與現實產生脫節與疏離感。[72]

關注自我和探索自我的理念適用於各種各樣的快樂商品，從心理自助類書籍、某位正念大師要價八百美元的課程、智慧型手機的自我監控（self-monitoring）練習應用程式到客觀、科學知識的神聖領域，無不見此訴求——快樂專家保證，只要「逃到內在堡壘」就能解決各種問題。事實上，快樂專家和快樂產業所提出的正念及其他快樂相關概念和技巧，終究有個共同點：僅重視個人而忽視社會的影響力。

快樂：個人主義的復仇式回歸

我們接著應該要問，正向心理學的介入措施以及個人主義式快樂概念，是否反而會延續和產生更多他們保證能消除的不滿。如果個人主義程度越高就越快樂（反之亦然），那麼透過正向心理學建議和方法來提升一個人的幸福感，就可能帶來與個人主義相關的社會風險及心理風險。[73]

正向心理學家和其他快樂科學家信誓旦旦地保證，一般而言，「比起歷史上的任何時期，現在的人活得更久，也活得更快樂」。[74]此一主張乃立基於一個假設：個人主義的現代社會讓人們更了解自己，人們擁有更多的自由來選擇適合自我實現的環境，有更多機會來隨心所欲追求自己的目標和提升自己。[75]然而這類說法與事實是有所矛盾的，在這些社會裡，年年有數百萬人在採用快樂療程、服務和產品，例如教練服務、正念課程、正向心理學建議、提振心情的藥物治療、自我提升類手機應用程式或自助成長書籍等等，這顯然是因為他們的生活過得並不快樂，或者感覺還不夠快樂。

這類說法也和若干重要研究的發現背道而馳。根據那些研究，現代社會裡之所以有高比例的人罹患憂鬱症、焦慮症和精神疾病或苦於情緒失調、使用藥物、與社會脫節，跟今日資本主義現代社會盛行的自我中心、佔有欲的個人主義（有「自戀文化」、「唯我文化」（me culture）、「『我愛我自己』世代」等許多名稱）有直接關聯。⑯這樣的個人主義已經弱化社會裡彼此相互照應的人際網絡。⑰舉個例子，英國首相德蕾莎．梅伊（Theresa May）有鑒於柯克斯委員會（Jo Cox Commission）以「孤獨調查報告」所提出的警訊，於二〇一八年初宣布成立孤獨事務部。⑱該份報告強調，隨著社會孤立增加，孤獨生活會對人們造成「有害影響」和「巨大危機」。⑲查爾斯．泰勒（Charles Taylor）則以席勒（Schiller）和韋伯（Weber）都提過的「世界除魅」（disenchantment with the world）概念，主張個人主義使得現代社會中的個人生活趨於乏味、單一。泰勒認為，將人們生活與社會秩序感和集體目標（唯一能為個體和其內在生活提供意義及方向的所在）聯繫在一起的傳統框架，已日漸遭到個人主義所取代、抹除和質疑。因此，意義和目標的多種多樣源頭持續縮小，任何外在於個人的意義與價值（道德、社會、文化、傳統等等）已經失去指引人們生活的權力和正當性——它們的魅力、神祕和「魔法」也一併消失。[80]

此外，正向心理學家的主張也與若干社會學研究結果相左。那些研究發現，一個社會的個人主義程度越高，憂鬱症比例甚至自殺率都越高，此現象不僅發生於已開發國家中，也見於開發中國家。就開發中國家的例子，阿細斯・南迪（Ashis Nandy）分析了印度過去十年迅速轉向以快樂為施政方針的缺點。南迪認為，「咬緊牙關堅持追求快樂」和深信人能夠「自我操控」已經成為當地主流文化特點。因此，很多印度人堅信「快樂操之在己，快樂不是憑空而來，也不是別人給予。快樂是靠自己努力追求和爭取的」。[81]印度政府改以快樂為發展目標的轉向，南迪視為「個人主義的副作用」，是來自西方世界、經由全球化而傳播的一種文化「疾病」和「自戀主義統治」。南迪提到，主要問題之一在於快樂論和其潛藏的個人主義為印度人民帶來深刻的寂寞感和絕望感，這是該國歷史上不曾有過的現象。這一點也部分地解釋當今印度自殺率何以節節高升。

南迪的分析與其他相關研究不謀而合。那些研究認為快樂科學是「責任個人化」（personal responsibilization）這種個人主義式教條的鼓吹者之一。[82]它們強調，快樂不應該被視為痛苦的對立面。事實上，快樂不僅帶來許多與個人主義相關的風險，例如疏離、自私、自戀、自我中心等等，也產生它獨有的痛苦形式⑧③（我們將在第四章和第五章進一步探討）。牟斯（Mauss）及其同事已經指出，由於快樂係以正向感受和個人謀取的私利來界定，汲汲追求快樂可能損害人際關係，增加人們的孤獨感和疏離感。⑧④同樣地，許多其他研究者觀察到快樂程度和自戀程度呈現正相關。而舉凡自我膨脹、自私自利、自我中心、自大驕傲和自我耽溺這些自戀表現⑧⑤，也是各種各樣精神疾病的徵候。⑧⑥

再者，快樂概念會帶來自責。由於推崇個人責任，任何責任的根源幾乎都被歸諸於個人自身，雖則它們不必然只有單一源頭。快樂科學家高談要克服「自己的脆弱」，但總有人無助地受到莫名的傷害，儘管並非他的錯，卻得受到責備。⑧⑦由於個人要全然對自己人生中的選擇、意義感和幸福感負責，任何人要是感覺糟糕或無法感到更好、更快樂時，反倒會認為這是自己意志力不足或心靈不健全的表現，甚至視其為人生的失敗印記。如同里波韋茲基所指出的，現今要是有人覺得自己活得不快樂或不夠快樂，心裡不免會產生羞愧感和罪惡感，認為自己浪費了人生、耗損了自我價值。因此，人們寧願認為自己是快樂的，表示自己是快樂的，說自己是中等程度的快樂也好過說自己不快樂，即使是身處逆境時。⑧⑧個人主義社會裡的人在填寫快樂調查問卷時，往往在十分評分制裡給自己打七分以上，想來其原因之一就在於：無法過得更快樂的人總是被過度譴責。若干研究發現，這些社會裡的個人基於保護自尊，會避免對自己的生活做出負面評價，從而產生了正向的認知偏差。89

事實上，一些正向心理學家也承認，越來越多的現代人苦於壓力、焦慮、憂鬱、空虛、自戀、絕望，以及形形色色的身心疾病，一部分原因可歸咎於他們所在的社會裡個人主義當道。90不過，多數正向心理學家依然認為這些毛病困擾源自於人格特質，堅持不考慮文化、社會或結構因素所造成的影響，他們斷言，只要過得更快樂，這一切問題都可迎刃而解。91然而，如同我們之前提過的，他們的說法存在著破綻。來自各方的一個主要質疑在於：快樂論可能會帶來與個人主義相關的風險，更伴隨著它自身的危害性。因此，面對現今許許多多社會病態現象：不穩定感、不確定感、焦慮、憂鬱、絕望、孤獨、挫折、無意義感乃至幻滅感，往自己內在尋找解藥恐怕只會造成更多問題，而不是解決問題。

無論如何，正向心理學家和其他許多快樂科學家已經成功說服許多人相信，任何社會問題、個人成就、個人問題實際上都與個人的快樂程度有關。許多重要機構已經將此理念奉為圭臬並落實為具體措施。接下來要談到的教育領域，以及下一章要談的企業管理領域，即是兩個最顯著的例子。

快樂教育

二〇〇八年，塞利格曼和萊亞德有過以下談話，兩人討論了如何將正向心理運用於教育領域。塞利格曼簡直是茅塞頓開，他以一貫熱切的語調將它比擬為一次「改宗經驗」。

理查和我受邀在蘇格蘭自信與幸福感中心（一個受到官方資助的機構，宗旨為對抗蘇格蘭教育界和企業界瀰漫的無力感）成立大會上擔任演講人。趁著休息時間，我們漫步在格拉斯哥的老舊街區。

理查操著伊頓公學畢業生的迷人口音說道：「馬汀，我拜讀了你對正向教育的見解，我想把它引進英國學校。」

「理查，謝謝你。」工黨高層願意考慮我們的研究，我備感榮幸。「我準備在利物浦的一所學校做先導性研究。」

「馬汀，你沒聽懂嗎？」理查的語氣稍微嚴厲了些。「你就像多數學術人士，迷信公共政策要以證據為基礎。你大概以為只要累積了足夠的科學證據，國會就會認為計畫值得推行。在我至今整個政治生涯中，我從未看過這樣的事。只要證據充足，政治意願水到渠成，科學就能應用於公共政策。我要說的是，以我們經濟學家的用語來說，你為正向教育提出的證據是夠格的『最低滿意解』（satisficing），而英國政府已經有政治意願。所以我將要把正向教育引進英國校園。」92

支持證據僅僅是「最低滿意解」，還不到確鑿有力，就將正向教育課程引進校園，這似乎不是負責任的作為。但撇開這個事實不談，我們注意到，在塞利格曼和萊亞德談話的那個時間點，正向教育課程已不算是破天荒創舉。自從正向心理學和快樂經濟學創立以來，其學者專家趁著教育領域裡治療介入風潮盛行，已經建議多個國家的教育系統將快樂學列入學校課程。他們的主要論點是：快樂比任何其他變項更能夠說明和預測學習品質、學生表現、學業成績、未來前途以及成人以後比較低的憂鬱症罹患風險。

我們認為，塞利格曼和萊亞德的這段對話揭示了兩個值得注意的事實。首先，它顯示這些學者在公共政策和教育課題上具有重大影響力。學校是傳遞價值、志向願望和自我模範典型給年輕人的首要場所，從這些學者頻繁跨足教育領域的現象，顯見快樂概念深入當前社會人心（特別是年輕世代）的情況。其次，這段對話也透露出：往後數年，正向教育

（堅信情緒、個人因素比社會條件因素更能對學習起到促進或阻礙作用）將在教育制度文化裡持續扎根茁壯（我們稍後會探討）。就連塞利格曼似乎也對現況感到驚訝。他最近表示：「正向教育在全球範圍內成長得如此迅速，傳播得如此廣泛，著實令我們嘆為觀止」93，話裡或許有一點諷刺意味。

快樂學生崛起當道

從二〇〇八到二〇一七年間，正向教育確實逐漸站穩優先發展的地位。起碼在政府大力支持並挹注資源的國家裡，諸如美國、英國和加拿大，從中小學、高中到大學紛紛設立快樂課程。新自由主義教育文化理所當然會對這類課程青睞有加，畢竟這個文化如今著重培養學生的情緒智慧、自主學習能力、企業經營能力以及追求快樂的決心，更勝於培養批判性思考能力、說理能力、工藝技能或追求知識。94加拿大英屬哥倫比亞省教育部在二〇〇八年已明確指出，現今理想中的優良學生是那些具備「管理和組織技巧，表現出主動性、責任感、靈活彈性、適應力、自尊和自信，相信每個行動和選擇都會影響人生際遇」的人。他們「把喜歡做的事當作目標全力以赴，懂得推銷自己的才華和能力，努力發揮自身最大的潛能」。⑮近十年來，有越來越多打著「正向教育」名號的私人機構、公立機構、智庫、顧問公司、諮詢公司和國際機構冒出來，成立宗旨大抵為：「聯合老師、學生、家長、高等教育、慈善機構、企業和政府來推廣正向教育」，並且說服「公共政策制定者改變政策框架，改以提升品格和幸福感為教育方針」。⑯二〇一四年成立的「國際正向教育網」（International Positive Education Network）即是一個例子，它很快便和數家私人基金會結盟，向全球推廣正向教育。事實上，不多久之後，正向教育便正式進入超過十七個國家的數千所中小學、高中和大學課程，包括中國、阿拉伯聯合大公國和印度在內。⑰

近十年來，這些致力於推廣正向教育的公私立機構都與正向心理學家和快樂經濟學家攜手合作，藉此取得相關政策和行動的理論支援及正當性。這類倡議舉措既是對學者研究結果的迴響，也反過來需要學者的大力支持。例如萊亞德就盛讚這些措施會為教育方式帶來巨大也必要的改變。他提出的論據是：以快樂為核心的教育，不僅是良好的教育，也帶來良好的經濟效益。萊亞德主張，透過引入正向教育課程，改變教師、學生和父母的態度，可望減低孩子罹患精神疾病的比例，從而降低金錢支出，因為已開發國家成年人花在心理治療的費用就佔了國內生產毛額（GDP）的五％以上。⑱塞利格曼和其同事也肯定學校應該開設快樂課程，作為「憂鬱症問題的解藥」、「提升生活滿意度的工具」，也「有助於更好的學習和更有創意的思考」。[99]然而，無論是塞利格曼、萊亞德或是倡議在教育環境引入更多正向教育的許多壓力團體和遊說組織，似乎都未認真考慮到，比起心理課題，當前的教育制度有更多迫切的、基本的課題需要處理。諸如學生的殊異文化背景、校園裡的社會排斥與貧富差距對教育機會的影響、能負擔高等教育的人口越來越少、政府補助減少、公立中小學和大學品質降低、學生在大學校園內就得面對越來越沉重的競爭壓力等等，這些社會結構性問題再一次遭到忽略，不被視為迫在眉睫的當務之急。依照萊亞德的論證邏輯，處理所有這些問題的根源或許不合經濟效益考量。

根深柢固的意識形態

在正向教育的大傘底下，快樂科學家已經規劃和落實了許多以快樂為根本的計畫和教學課程。比如英國投入超過四千一百三十萬英鎊，在全國約九〇%的小學、七〇%的中學引入「社會與情緒面向之學習」（Social and Emotional Aspects of Learning, SEAL）課程，旨在教導學生如何「管理自身情緒」、「樂觀看待自己和自身學習能力」、「規劃長遠目標」以及「學習自我感覺良好」。學者更主張各級學生都應該學習這類技巧。[100]「賓州心理韌性計畫」（Penn Resiliency Program, PRP）則以美國小學高年級生和中學生為對象，教導他們如何「察覺消極念頭」、「以替代詮釋（alternative interpretations）去挑戰負面信念」以及「應對困境和情緒」。學者認為這些課程不應該只在學校傳授，也應該推廣到家庭領域。[101]美國軍隊和各級學校也見「正向情緒、投入、人際關係、意義和成就」（PERMA, Positive Emotion, Engagement, Relationships, Meaning, and Achievement）五要素計畫的推行。該計畫的目的不在排除或減少負面因素（因此跟反霸凌、「戒菸」、降低憂鬱症那類介入計畫大不相同），而是在養成正向情緒、正向行為和正向認知。[102]「巔峰計畫」（Pinnacle Program）和「恆毅力」（GRIT）研究則以大學生為對象，旨在評估個人才華、情緒掌控能力和自我激勵能力的差異，教導他們如何發揮天賦、訂立志向、不屈不撓追求目標以及避免灰心喪志。[103]「心情健身房」（MoodGYM）這個自我導向的介入計畫以提升青少年的心理韌性和降低憂鬱症狀為目標[104]，「呼吸」計畫（Breathe）旨在教導學生冥想、放鬆和情緒調節的好處[105]；兩者也是正向教育的好例子。[106]

儘管快樂相關研究著作都肯定讚賞這類介入計畫，但越多越多的教育專家並未跟著一頭熱，而是詳加分析它們的不良後果，並確認它們是否達到各自所宣稱的效果。凱瑟琳・埃克萊斯頓（Katherine Ecclestone）和丹尼斯・海耶（Dennis Haye）對「教育的療癒式轉向」的研究就提到若干可能後果。⑩正向教育不僅隱含個人主義和新自由主義偏向。埃克萊斯頓和海耶更指出，這些教育計畫和介入方案販賣的是一個虛假的「增能培力」（empowerment）論調。他們提到，這樣的論調包裝了一個柔弱、易受傷害和「不足的自我」概念，其風險在於把學生當成小孩看待，更重視關注自我的情緒而不是智性思考，學習變得完全仰賴於心理療癒專家和心理評估。埃克萊斯頓和海耶強調，這些技巧使得學生過分關注自身的情緒，從而損害他們的獨立自主性，許多人因此墜入焦慮和依賴心理治療的惡性循環當中。「大多數兒童和青少年都健全無恙，但這個訓練帶給他們傷害。很多上過這類課程的孩子後來都表示自己有焦慮問題，這絕非偶然……癒療式教育灌輸脆弱和焦慮的概念，孩子們以這種觀點看待和表達自己，接著又得接受更多的療癒式課程。」⑱

就有效性而言，快樂相關研究聲稱正向教育方案有很好的效果，但事實並不然。在此得指出一點，這類介入計畫提供的承諾和展望毫無新穎之處。相反地，它們只是延續了二十世紀後半葉許多願景宏大的教育計畫。而那些計畫不乏以失敗收場的例子，有幾個甚至是嚴重的挫敗。其中最知名（而且失敗的）的一個嘗試誕生於一九八〇至一九九〇年代的「自尊運動」期間。在那個時代，低自尊顯然是普遍現象，因此「自尊」成為人們常掛在嘴邊的流行語。依照自尊運動的主張，任何一個社會問題和個人問題，其源頭實際上都可回溯到缺乏自尊：「社會中存在的大部分問題，起碼是許多重大問題，都根源於許多社會成員的低自尊」。[109]該運動的領軍人物之一納撒尼爾．布蘭登（Nathaniel Branden）表示，「任何一個心理問題——舉凡焦慮、憂鬱、恐懼親密、恐懼成功、家暴、猥褻兒童——都可以追本溯源到低自尊問題」；因此，「自尊對人生每個層面都有深遠影響」。[110]加州政府自一九八六年起持續數年提供二十四萬五千美元年預算予「提升自尊、個人責任和社會責任任務小組」（Task Force on Self-Esteem and Personal and Social Responsibility）。該計畫旨在解決青少年犯罪、未婚懷孕、毒癮和學業成績不佳等問題。此任務和其他類似嘗試皆未見成效，到了一九九〇年代，美國「全國自尊協會」（National Association for Self-Esteem, NASE）又展開一個新的介入計畫，並延攬多位學者以及心靈自助暢銷書作家傑克．坎菲爾（Jack Canfield）和安東尼．羅賓斯（Anthony Robbins）等人參與。由於理論和方法學層面的問題層出不窮，其效果並未優於一九八〇年代的那些方案。

羅伊．鮑麥斯特（Roy Baumeister）和其同事曾就自尊運動及其理論、方法與影響進行全面深入分析。[111]他們做出的結論為：「我們尚未發現任何證據足以證明提升自尊（透過治療性介入或學校課程）會帶來好處」。他們還給了睿智建言：「也許心理學家應該稍微減低他們的自尊感，謙卑地改弦易轍：下次一定要等到有更充分、更可靠的實證證明後，再來向美國政府和大眾推動其政策主張。」⑫因此，目前正向心理學家在教育領域推行的各種計畫，其基礎假設和設定的目標都給人似曾相識感。自尊運動是一個絕佳例子，說明了文化與意識形態的產物如何經常發揮主導作用——不僅在沒有證據的情況下就支持一些心理學假設和社會性介入方案，還積極鼓勵若干類型的心理議題研究和舉措。如適才提及的，幾個最受歡迎、最具潛力的快樂課程計畫，其初步成效其實並不樂觀。就「社會與情緒面向之學習」課程的例子，一份最新的成果報告指出，它並未達成設定目標：「我們對樣本學校學生的研究分析顯示，『社會與情緒面向之學習』課程並未對學生的社交能力、情緒能力、心理健康、心理困擾、利社會行為（pro-social behavior）或行為問題產生顯著的正面影響」。⑬另一些研究則指出，以單一情緒因素（像是心理韌性、自信心、自我控制或恆毅力）為核心的介入方案對學生課業成績似乎起不了多大作用；正向心理學的介入既發揮不了跨領域的影響力，也無法預言青少年未來的行為：「儘管學生對自我的評價越高，學習成果越好，但幾乎沒有實證證據來佐證兩者間的直接因果關係」。⑭凱瑟琳．埃克萊斯頓表示，作為這些介入計畫基礎的概念和支持理由就算不充分或片面，還是最好的情況；「在最壞的情況下，它們成了『打著科學名號的倡議』，甚或就形同於一項爭取投資的創業計畫，純粹是以獲取公共資助為目的」。⑮

也有一些學者主張，正向心理學或是其他運動，只要能夠真正承認自身的歷史文化背景、意識形態偏向和個人主義取向，就可望增強理論成果的科學性。⑪我們同意這一點，但不認為這種情況會發生。主要理由在於，正向心理學的力量恰恰來自於它否認有這些背景和偏向。以「去政治化」之姿呈現的正向心理學，實際上是一個有效的意識形態工具。如同蘇格曼（Sugarman）所點出的：

心理學家一直不願意承認他們與若干社會政治安排（sociopolitical arrangement）有同謀關係。他們擔心一旦承認，就會損害其號稱中立（具備科學的客觀性、對研究主題不帶道德判斷）的可信度。因此，如同歷史文獻所記錄描述的，心理學家的主要任務在於維持現狀，他們是「負責調整修正的建築師」，而不是掀起社會政治改革的行動者。⑰

這個說法對正向心理學和快樂經濟學都適用。這兩門領域所擁有的文化權力、科學權威和社會影響力，都來自於它們支持實踐新自由主義的個人主義式、功利主義式、療癒式世界觀——一種普世通行的，個人和社會都樂於採取的世界觀。

第 3 章
保持正向

Positivity at work

我開始覺得自己不負責任。要繼續下去的唯一方式，就是不去想我那套一體適用的辦法其實幫不了任何人。但是身為教練就肩負著巨大的責任……不止於夸夸其談。不能毫無扎實底子就試著解決別人的問題。我再也不想對別人的職業生涯和日常生活指手劃腳。這不只是擔憂能力或收入的職業危機；這是我個人的良心危機。

——米雪兒．古德曼（Michelle Goodman），
《一個前心靈自助大師的自白》（*Confessions of a Failed Self-Help Guru*）

電影《型男飛行日誌》（*Up in the Air*）以二〇〇八年金融危機過後的美國為故事背景。許多美國企業當時經歷史上最糟的一段時期，裁掉成千上萬名員工，遭資遣者的生活和家庭都受到沉重打擊。然而在那種非常時期，也輪到另一些人大展長才，一如男主角萊恩（Ryan）。他是顧問公司的資遣專家，大多數時間都奔波全美各地，協助不同企業開除員工。萊恩喜歡自己的工作和孤單生活；他喜歡機場，喜歡毫無羈絆的一夜情，尤其喜歡沒

有任何包袱、不用對誰負責任的人生。他也會受邀到企業演講，講述他的「空背包」生活哲學：成功的人生是輕裝上陣，擺脫沉重的過去，不對他人許下承諾。萊恩說：「我們移動得越慢，死亡就來得越快。我們不是跟其他同伴互利共生的天鵝。我們是鯊魚。」這部電影花了大篇幅描述他怎麼工作。代人開除員工，不僅僅是告知當事人「你被解聘了」。他還有更基本的任務：盡可能安撫對方，以虛假的希望感和樂觀來取代憤怒與無助。他有一套總是見效的說詞：「每個建立帝國或改變世界的偉人都曾經坐在你現在的位置。他們都經歷過挫敗才能夠成功。」萊恩既迷人也冷酷；他知道自己做的是吃力不討好的差事，但他熱愛這份工作，也做得得心應手。然而，顧問公司來了副修心理學的年輕新進員工娜塔莉，讓他的職位岌岌可危。娜塔莉提出以成本低廉的網路視訊系統來裁員，使得像萊恩這樣高薪的資深專員成了可被取代的。她來接替萊恩的位置，因此他必須將如何裁員的藝術傾囊相授。

萊恩將自己的工作視為一種「技藝」，而菜鳥娜塔莉只能照搬心理學制式化說法。兩人首次搭檔出差時，他在飛機上就提點她：

萊恩：你認為我們來做什麼？

娜塔莉：我們幫助剛失業的人在情緒上和生理上都做好再找工作的準備，防止他們對雇主提起訴訟。

萊恩：這是我們要賣的東西。但不是我們要做的事。

娜塔莉：好吧……那麼我們來做什麼？

萊恩：我們的工作是讓地獄變得稍可忍受。我們將那些受傷的靈魂載上船，度過恐懼之河，等到他們隱約看到希望，我們就停下船，推他們下水，強迫他們自己游到對岸。

萊恩明白，想要操控他人的感受，得掌握若干技巧和情緒智力。裁員給當事人帶來的挫折感、焦慮和憂鬱，只能以新的動機、樂觀、希望感、對未來的展望去平衡、抵銷（不管那是虛幻的畫大餅，或是展現一副「我是為你好」的家長式作風）。娜塔莉第一次開除的員工是鮑伯。鮑伯表示他是多年的忠實員工，無法接受這樣不公平的解僱。娜塔莉苦苦相勸卻是徒然，萊恩在此展露了他操控他人情緒的專業度。

娜塔莉：你或許低估了你轉換工作對孩子的正面影響。

鮑伯：正面影響？我現在年薪九萬。失業補助有多少，一週兩百五十元？這是妳說的正面影響嗎？……我失去這筆薪水的話，就連女兒的……她有氣喘，我以後連氣喘藥都買不起。

娜塔莉：有研究顯示，受到輕微創傷的孩子反而會專注在學業上。

鮑伯：……去你的……聽你鬼扯。

眼看娜塔莉無法應付鮑伯的怒火，萊恩接手談話：

萊恩：你在乎孩子是不是敬佩你嗎？

鮑伯：當然。

萊恩：鮑伯，我懷疑他們是否敬佩過你。

鮑伯：混蛋，你不是應該安慰我嗎？

萊恩：鮑伯，我不是鯊魚。我是來喚醒你。你知道小孩為什麼喜歡運動員嗎？

鮑伯：我不知道……大概因為他們能和內衣模特兒上床？

萊恩：不對，那是我們喜歡運動員的原因。小孩喜歡運動員，是因為他們勇於追求夢想。

鮑伯：……呃，我可不會灌籃。

萊恩：對，但是你會烹飪……我看到你的履歷表寫你曾經副修法國料理……可是你決定不要追求夢想，來到這家公司工作。鮑伯，他們第一年付你多少錢讓你放棄夢想？

鮑伯：……年薪兩萬七千。

萊恩：你什麼時候才要停止，回頭做讓你快樂的事呢？

鮑伯：好問題……

萊恩：鮑伯，你現在有機會。這是你重生的機會。

萊恩的調解方式很能說明正向情緒技巧在現今的組織與管理領域有多大的用處：如何用員工快樂為出發點來進行管理，並把所有責任都轉移到員工自身。萊恩碰觸鮑伯的尊嚴痛點，深入挖掘他的怒氣和憤恨，進而把這些感受轉為鮑伯自己的選擇和責任——不能歸咎於經理人、公司或經濟景氣（萊恩刻意略而不提這些因素）。他接著告訴鮑伯，從現況脫身的方法，也是符合他最佳利益的方法，那就是改變自己的心態。這下「被裁員」有了截然不同的、正向的意義。鮑伯的失業成了他改變自己和人生的絕佳機會，是一種「重生」，眼前就是他獲得幸福的全新機會。現在，一切取決於鮑伯要怎麼做。

快樂概念如今如何應用在組織與管理上，《型男飛行日誌》展現的正是其中一個可能做法。就如芭芭拉．艾倫瑞克所主張的，快樂已然成為一個有效的意識形態工具，可以將市場經濟的若干殘酷面合理化，為其極端措施找藉口，也掩飾其愚行醜態。①此外，以快樂概念為核心的新工具和新技巧，有助於重塑工作與工作者的概念——能夠符合現今企業或組織需求與要求的概念。事實上，如果不是如此有用，快樂和它的倡議者不會在現今企業或組織中享有這般可觀的影響力。

快樂企業的會客室

從二十世紀初期，尤其是從一九五〇年代起，幾乎沒有學者能像經濟學家和心理學家一樣，不單對人類行為提供深刻洞見，還促進這些見解的制度化。從一九三〇年代埃爾頓．梅奧（Elton Mayo）的霍桑效應研究（Hawthorne Studies）開始，經濟學和心理學就攜手合作。到了二十世紀後半葉，隨著越來越多混合學科和潮流的出現（諸如經濟心理學、人力資源管理、消費者研究、行銷和教練學），這兩大領域的關係日益密切。經濟行為的主要概念已經逐漸滲入心理學語言。與此同時，市場經濟體系內的轉變深刻影響了主流心理學對人類行為的解讀。過去半世紀，在經濟學家和心理學家共同關切的概念當中，快樂與個人需求皆是最具代表性例子。②

正是人本主義心理學將這些概念加以理論化；經濟學和心理學兩個領域能夠在產業界裡串連起來，它可說厥功甚偉。如同羅傑·史密斯（Roger Smith）和柯特·丹齊格（Kurt Danziger）所指出的，人本主義心理學促成了兩件事：一是二戰之後西方社會演變為「心理學式的社會」（psychological societies）③（如亞伯拉罕·馬斯洛〔Abraham Maslow〕所言：「我們必須將人性加以心理學化」）④，其二在於它所建立的關於人類需求與快樂的論述和技巧，也從此形塑了組織需求。馬斯洛的動機理論與著名的「需求金字塔」理論對個人和組織需求都能給予深刻的解釋。由卡爾·羅傑斯（Carl Rogers）、羅洛·梅（Rollo May）、加德納·墨菲（Gardner Murphy）、詹姆斯·布根塔爾（James Bugental）、勒內·杜博斯（René Dubos）和夏洛特·布勒（Charlotte Buhler）等人推廣的第三勢力人本主義心理學，在文化界或工商產業界獲致的迴響自然多於學術圈。⑤

在產業界，人本主義心理學的主要貢獻在於為「工作取向期」到「人性取向期」的轉向提供理論基礎。「泰勒時代」的科學管理方法著眼於由工人去適應工作特性，並發揮最大潛力達到任務要求。人性化管理的概念則為：讓工作符合並滿足個人的特定動機、情緒、情感和社會需求，即是提高生產力和工作績效的最有效方法。⑥從埃爾頓·梅奧、亨利·法約爾（Henri Fayol）、高爾頓·奧爾波特（Gordon Allport）、亨利·莫瑞（Henry Murray）、道格拉斯·麥格雷戈（Douglas McGregor）到大衛·麥克利蘭（David McClelland），以及威廉·史考特（William Scott）所稱的「工業人本主義」（industrial humanism）期間⑦（一九六〇年代興起並深化的一場大範圍運動，許多商業學院、行為科學家、知識份子和自助成長作家皆參與其中），研究人的需求、快樂，以及兩者與工作績效和生產力的關係，成為管理理論的主要課題。馬斯洛的人類動機理論在這方面扮演了啟發和支撐的作用。透過優先關注人的需要和快樂，馬斯洛不僅幫忙確立鞏固「後泰勒時代」的管理概念：管理員工的情緒因素和動機因素可提高組織的經濟效益，也支持了另一項管理學主張：組織是個人能夠達成自我實現需求（人的最高需求）的最有利環境之一。

馬斯洛的理論之所以大受歡迎，在於其提出的人類行為模式讓戰後資本主義的許多組織需求變得合理正當。如同呂克·博爾坦斯基（Luc Boltanski）和伊芙·夏佩羅（Eve Chiapello）所指出的，在那個時代，工作契約意味著安全的保障。⑧而馬斯洛的「需求金字塔」將安全需求置於底部，說明它確實是基本的、強烈的需求。根據馬斯洛的看法，個人必須先滿足對安全和安穩的需求（從生理面、情感面到人際關係面）才能追求發展更高層級的需求，例如自我實現需求。換言之，它假定個人在擁有了穩定經濟基礎之後才能開始「個人的成長」。⑨在二戰後資本主義社會的產業界，「職業生涯」（career）的概念隱含了從經濟安全感到個人自我實現各層次需求的滿足。這會是一段長期的工作歷程，不僅保證準時發給薪資、提供升遷機會，也承諾最有資格、最有效率的工作者最後會得到終身聘用（permanent contract）。

然而，過去五十年來，市場經濟已經大幅轉變，企業環境、「工作」與「安全」的概念也隨著改變。新自由主義帶來高流動性、高風險、放鬆管制、個人化及消費主義當道的經濟環境⑩，進而出現森尼特（Sennett）所稱⑪的「彈性資本主義」（flexible capitalism）新制度，或博爾坦斯基和夏佩羅所稱⑫的「資本主義的新精神」。從新精神衍生出新的工作倫理，這是數十年來工作安全與穩定概念逐漸解體及組織生活本質持續改變的結果。因此，從前僱主和僱員之間的那種工作合約已不復存在，在當前經濟生活和組織生活中，以往勞工這方的主要期望不再可行。

現今的組織必須適應新現實，將每位員工當作一家公司看待。這個改變意味必須揚棄以往工業社會盛行的基本假設，其中為首的是：人們需要工作的安穩保障。這是一九五〇年代的觀念，脫胎自馬斯洛著名的「需求金字塔」理論。該理論假設，人必須先滿足基本需要才會開始考慮其他類型需求……一家公司的第一要務是創造安穩工作的環境，而後才是滿足員工的自我實現需求。⑬

當今新工作倫理最具指標性的差異點在於格外強調個人責任。從外部控制逐漸轉向到要求員工實行自我控制，的確是近四十來年組織學和管理學理論演進的一個最顯著特點。以交替接續的「工作計畫」取代「職業生涯」概念，即為其中一個體現。⑭「職業生涯」意指個人選擇一條特定路徑，他必須學會一套特定技能方能有良好績效，從而在組織階層中更上一階。而「工作計畫」截然不同，意味有五花八門的通道、目標和充滿風險的嘗試任君選擇。因此個人必須「學著去學習」，也就是保持彈性、自動自發和創意（企業亦然），從而能夠自行決定哪些技巧、方法和選擇可讓自己應付高度不確定的市場，有效率地工作、在專業上持續成長，以及增加自身參與更具挑戰性、更具前景的計畫的可能性。「工作計畫」概念的興起，可望以「真正的自主性」（genuine autonomy）來取代一九六〇年代「職業生涯」概念的「虛假自主性」。此自主性建立在自我認識、個人的自由選擇及個人成長上，終究可有效地將工作環境的許多偶發狀況和矛盾轉由工作者來承擔，市場不確定性和競爭的巨大重擔亦被轉嫁到個人身上。

由於這些演變，從滿足安全需求再到個人自我實現的單一「生涯路徑」不復存在。馬斯洛「需求金字塔」模型（過去數十年來不只在管理學領域被奉為圭臬，也受到眾多臨床心理學家、顧問和教育家的重用）已經逐漸無法為當前經濟環境和企業環境的新要求與新需求提供令人滿意的解答。此外，越來越多的學術研究質疑馬斯洛動機理論的科學效度（scientific validity），尤以整個一九九〇年代為最⑮，最終它不再適合作為管理理論的工作者行為解釋模型。因此，新的管理理論有必要採取新的心理學模型，以嶄新角度來重新思考人的需求、快樂以及兩者與工作績效、組織行為和工作承諾（job commitment）的關係。近數十年來可見探究人類需求和快樂本質的新學科與理論風潮陸續興起，此模型缺口可望得到填補。

在這方面，正向心理學是當仁不讓的最佳替補。人本主義心理學、心理自助書籍和教練學⑯對人類行為與經濟行為的若干洞察對正向心理學啟發深遠，此門新學科能夠就人的需求和快樂提供新論述——一套完全合乎新自由主義資本社會新經濟需求和組織需求的理論。因此，可以毫不誇張地說，如果正向心理學尚未問世，企業與組織大有可能自行「發明」這門學科。

倒過來的「需求金字塔」，或說先快樂才能獲得成功

在勞動領域隨處可見這個嶄新快樂概念的應用，此現象應該被視為轉向的一大步，如今組織要管理工作者的行為，關鍵就在於管理他們的心（psyche）。[17]從一九六〇年代以降，諸如情緒、創造力、認知彈性（cognitive flexibility）、自我控制等心理學語彙逐漸變得大有用處，可供掩飾現代企業組織的結構性問題，以及其他固有的內在弔詭與矛盾。自從企業組織開始運用心理學的理論和方法後，從倫理道德角度來評價員工表現已欠缺正當性。心理學提供一個更中立、更具科學性的框架，將員工的失敗和成功重新定義為他們自身「尚有不足」或已達到「最佳自我」（optimal self）。它也教導人們要如何憑藉自身的自主性和彈性來因應不確定、高競爭工作環境的風險與重擔。換言之，心理學語言使得工作環境的結構性缺失越來越容易被轉嫁為員工個人的責任。現代的快樂概念更促進此趨勢的發展，因為它更強化一個普及的假設：如果個人越用心經營自己，他們將克服績效表現問

題，從而在勞動市場上找到自己的路。就此方面而言，正向心理學的最顯著貢獻之一，不在於把馬斯洛的「需求金字塔」打入冷宮，而是將它倒轉過來。⑱

迄今為止，經理人、經濟學家和心理學家已經完成大量科學性研究，他們從一個普遍為人所接受的概念出發，假定一個工作者會快樂是由於他在工作上取得成功，由此論證職場成功和個人滿足之間的正相關性。因此，成功的結果會帶來快樂和滿足，而鑑於自變項和依變項之間的高相關性，可以將前者作為評定後者是否達成的可靠標準。經理人和人力資源部門主要肩負研究工作條件的任務，例如：合作性工作與競爭性工作的差異、溝通模式、領導和監督方法、賞罰制度、工作擴大化（job enlargement）、全員決策制度和表揚制度等等。他們也要辨識與工作績效有正相關、帶來個人滿足的個人特性，諸如外向與內向性格、高智商與低智商、成就動機與親和動機（affiliative motivation）等等。儘管在一九九〇年代，經理人和心理學家開始提出快樂和工作表現之間的因果關係可能是雙向的，但在大部分的組織學研究中，仍然將快樂視為最適化工作條件或（以及）高工作績效的結果。⑲不過，近十年來，正向心理學家對此假設提出質疑，他們主張職場上快樂和成功的因果關係應該是反過來的。快樂科學家認為「以往的研究」雖然「證明快樂和職場成功的關係」，卻未能掌握它們之間的「正確」因果關係。他們認為「快樂不僅和職場成功相關，而且快樂是……職場成功的重要先決條件和決定因素」。⑳

快樂的工作者據稱表現得更好，更有生產力。快樂的工作者展現出更多的「組織公民行為」（organizational citizenship behaviour）；更敬業；更能因應組織變革（organizational change）和多工任務（multitasking）要求；比較不容易發生職業倦怠（burnout）、情緒耗竭（emotional exhaustion）和轉職退縮（job withdrawal）；就業力（employable）更佳。㉑快樂的工作者更自主、更有彈性；願意承擔風險去接觸未知的新情境，去追求全新的、更具挑戰性的目標；會做出更具創意、更有效率的決定；會及時抓住有前景的機會；能建立更廣泛、更豐富的人脈資源。這些都是可貴的人格特質，可以增加日後找到更穩定、更好工作及取得更高收入的可能性。㉒快樂科學家表示，這是由於快樂可以觸發一種強者越強、弱者越弱的「馬太效應」（Matthew Effect），快樂程度越高的人能累積越多的小成就和情緒優勢，鬮下長期成功和良好情緒的沃土。這個效應能夠解釋為什麼有些人可以把生活過得比別人更好，並且在職場上有更優秀的表現和成效。㉓艾德．迪安納近來評述各家快樂和幸福感研究的成果，最後總結道：所有「這些發現是令人信服的，因為它們直指並不是工作表現良好帶來快樂滿足感，因果關係應該是倒過來的」。㉔也有許多其他作者大力支持並傳播此觀點，比如尚恩．艾科爾（Shaw Achor）在《哈佛最受歡迎的快樂工作學》（*The Happiness*

Advantage）一書中寫到：

十多年來，正向心理學和神經科學領域所做出的開創性研究已經明確證實成功和快樂之間的關係：是快樂帶來成功，並不是先有成功才會快樂。幸賴這門先進科學的進展，我們現在知道快樂是成功的先決條件，而不僅是其結果。快樂和樂觀事實上是個人績效和成功的燃料……等待快樂會限制我們頭腦發揮潛能來獲得成功，而培養正向思考的大腦能讓我們更有動力、效率、韌性、創意和生產力，自然提升整體的成就表現。數千個科學研究……以及《財星》（*Fortune*）雜誌全球五百大企業中的數十家公司已經證明此發現為真。㉕

快樂科學家依這個前提對工作者的身分提出一套新的論述，此身分與工作場所、資本主義新工作倫理以及勞動領域新的權力分配模式是緊密相關的。這套論述指出，快樂是一個人能夠順利適應經濟變化、保障工作穩定、提升工作表現，以及在充滿不確定性的高競爭環境中增加成功可能性的「必要條件」（*conditio sine qua non*）。快樂不僅已成為在職場如魚得水的先決條件，也有越來越多經理人表示，在挑選人才時除了評估其能力是否勝任工作，還會以快樂程度高低與正向特質多寡為標準。正向情緒、正向態度和正向動機逐漸成為員工必要具備的心理特質，甚至比專業技能或技術資格更重要、更不可或缺。

快樂的「心理資本」

目前新興的「正向心理資本」概念是快樂科學家這套新論述的一個絕佳例子。有別於「人力資本」（由經濟學家蓋瑞．貝克〔Gary Becker〕於一九六〇年代提出並倡導的概念，直到近年依然盛行不衰）㉖，這個概念的關注重點在快樂相關層面的發展，例如：個人長處、自主性、自我效能（self-efficacy）、樂觀、希望和心理韌性。所有這些特點能讓工作者在面對挑戰性任務時更可能取得成功、得到競爭優勢、積極行動及努力不懈完成目標，即使遭遇困難和逆境也能「重振旗鼓，甚至反彈到比原先更高的點」。㉗潔西卡．普萊斯－瓊斯（Jessica Pryce-Jones）在其著作《快樂工作學：提高心理資本存量，你會越容易成功》（*Happiness at Work: Maximizing Your Psychological Capital for Success*）中主張，「快樂工作的人首先能夠完全發揮自身潛能，在人生高峰時懂得順勢而為，在低谷時知道從反省中克服障礙」。㉘該書只聚焦於個人，完全不提工作條件的結構性問題，也不對企業目標和企業價值提出質疑。事實上，凡是去質疑這些價值的員工都會被視為負面的阻力。一些快樂「大師」（guru）──例如億萬富翁謝家華（Tony Hsieh），就建議企業以快樂為聘用人才的基準，解僱那些熱忱不夠、對正向態度企業文化抱持疑問的員工。㉙依這些專家的看法，顯然不是工作條件帶給工作者快樂和生產力，而是快樂的員工為企業帶來生產力，並且建構出正向積極、高效能的工作環境：

在我們分類中最快樂的那群員工比那些最不快樂的員工多擁有一．八倍的活力。大家都想跟活力充沛的人來往相處，因為這會激發自己的熱情和動力……最快樂員工的敬業度比最不快樂員工多一．〇八倍。最快樂員工自估已發揮的潛能比不快樂員工多〇．四倍。也許這是因為他們的目標達成率比後者多〇．三倍，而在接受挑戰的比率上，他們比後者多〇．二七倍……工作環境不會影響你工作中的快樂程度。嶄新辦公室、漂亮地毯、高科技辦公室，這些都和加薪一樣，只會讓人們的快樂程度暫時提高，很快又會回落到慣常的快樂程度。㉚

對工作保有熱情、奉行企業價值、有效管理情緒，以及最重要的，運用內在力量來發揮所有潛力，這些據稱都是培養、加強正向心理資本的關鍵要點。擁有較多正向心理資本的工作者不僅更具生產力、更有活力、思考更具創意，他們也較不會批評組織的變化，更能因應壓力和焦慮情緒，也能更大程度地融入企業文化。㉛正向心理學家因此設計了以工作者為對象的正向介入措施，以期「讓他們更容易適應當今職場快速變化、法定工時減少和福利縮水的景況」。㉜這些正向介入措施據稱可有助於加強工作者的心理資本，企業則能將此轉化為更高的生產力。

光讓員工感到快樂並不夠，許多企業以打造出「快樂的工作者」為首要目標。越來越多企業爭相迎請快樂專家來鼓舞自家員工、重燃他們對工作熱情、幫忙緩和被裁員者的反彈情緒，特別是教導他們在心理層面變得更自主，在認知與情緒層面變得更有彈性。㉝「快樂長」（Chief Happiness Officer）這個新職位的出現是格外有意思的現象。過去三年來，從美國到歐洲有越來越多企業（薩波斯〔Zappos〕、谷歌、樂高〔Lego〕、宜家〔IKEA〕等等）都設置了「快樂長」，他們就和人力資源經理一樣有其專司。快樂長相信快樂的員工是更好的員工，其職責即是主動策劃各種措施來增加員工的快樂感，確保他們展現最好的一面、保持工作動力、在所做的事務當中找到樂趣，以及提高個人生產力。這些專家聲稱運用有科學根據的特定技巧來培養及提升各類型員工的自我管理技巧、學習能力和心理韌性，讓他們能夠獨自做出決策、管理同事關係、因應不確定性、適應意想不到的變化，以及從正向、建設性的角度來重新界定逆境。個人要在新自由主義社會的不穩定、變動劇烈和高度競爭的企業環境中力爭上游，必得掌握若干寶貴技能，比如保持自主性和彈性。

自主性和彈性卻是相互矛盾的特質。快樂科學家為工作者勾勒出在職場達到自我實現、從組織剛性管控機制解放出來的美好願景，但正向心理學技巧的效果往往適得其反。事實上，只要深入檢視組織現實（organizational reality）就會發現這些技巧往往迫使員工內化企業控制，並將客觀工作條件視為工作滿足感的次要因素，甚至於讓員工願意忍受或甘心接受工作上的矛盾和自我剝削（self-exploitation）。

正向組織行為

過去三十年來，企業管理模式逐漸從外部控制轉向到自我控制，此一轉變主要端賴於「企業文化」概念的演進。依此概念，工作者與組織的關係不再建立於勞動契約之上，而是以相互信任和相互承諾（commitment）為基礎的道德紐帶聯繫起來。在新的勞動契約中，企業與員工的利益不再被界定為互補的，而是相同的。因此，信任和承諾成為自我控制的另一面向。雖然在新自由主義下，企業或組織不再透過明確化的外在機制或給予工作穩定和職涯發展承諾來管控員工，但其領域內的控制機制並未消失。企業選擇以內化控制來增進工作者對組織的認同感。不再採行自上而下的硬性管控，而是致力於將員工塑造為積極地內化、典範化（exemplification）及複製企業文化（比如企業的原則、價值和目標）的一個實體。

企業文化建構起一種半民主式環境，幫助工作者跟公司及同事們建立起承諾和信任的情感與道德紐帶。一方面，企業文化透過打造「像家一樣」的工作環境來提高員工對公司的歸屬感，從而模糊了工作者公、私領域的界線。[34]另一方面，企業文化鼓勵員工開展職業計畫，全心全意投入工作，不斷超越自己，即使遭遇困難也要保持正向堅持不懈，以達到公司和員工雙贏的局面。就此，正向心理學家已經發展出「正向組織行為」（Positive Organizational Behaviour）[35]和「整體健康管理」（Integral Health Management）[36]兩個次研究領域來探討正向狀態（如自我效能、樂觀、希望、同情心和心理韌性）對員工的投入程度和工作動機，以及對企業的投資報酬率（高生產力但低成本）所發揮的影響作用。谷歌公司的企業文化即是正向企業文化的典型例子。

> 員工可以自訂上班時間，帶狗上班，穿睡衣工作，吃免費零食，到免費健身房運動，接受免費教練的指導，如果生病了就找公司裡的駐診醫生，可以洗衣服，在「辦公室」的任何一個角落喝免費的濃縮咖啡。谷歌公司這樣氣氛放鬆、有趣的工作環境帶來卓著效果，因為它對員工的心理健康大有益處，可激勵他們更投入，變得更有創意、更有生產力。谷歌公司不靠巨大的階層組織來管理員工，因為那樣的模式會使創意僵化、思路靈感容易被打斷。動機高昂和能力優秀的人有共同願景，他們不需要受到微觀管理（micromanage）……谷歌公司發展壯大的祕訣之一在於它確立了「我做得到」文化，而不是採行傳統的官僚體制，讓員工受到被動的「不，你辦不到」箝制。[37]

企業文化鼓勵工作者將職場視為有利於「增進生命圓滿」（flourish）的地方，而正向心理學的論說、方法和技巧正是培養員工主動性的有效工具。「心理資本」概念即強調，工作者應該把工作視為機會，而不是把它當作一種需要或義務。比斯瓦斯—迪安納（Biswas-Diener）和迪恩（Dean）在他們合著的《正向心理學教練服務：助人實務的快樂學》（*Positive Psychology Coaching: Putting the Science of Happiness to Work for your Clients*）中主張：「工作對於我們的個人身分認同來說如此重要，我們會自豪地宣稱：我們的職業等同於我們是誰。」㊳他們認為，把工作當作「天職」（calling-orientation）的人會得到最大的滿足，這是因為他們不是出於「必要」才工作，而是出於熱愛，並在工作中得到自我實現：

> 把工作當「天職」的人通常喜愛自己從事的工作，肯定該份工作的價值所在。他們可能領有優渥薪水，但通常會有「不拿錢也無妨」的想法……這些人就算下班也還想著工作，出去度假時也還在處理公事。必須一提的是，他們大部分並不是工作狂，僅是沉迷工作，而且相信自己在創造一個更美好的世界……令人驚訝的是：無論是披薩外送員或是高度專業化的外科醫師，唯一重要的是他如何看待自己的工作。㊴

兩位作者不著痕跡地略過一個問題：究竟身為披薩外送員、麥當勞收銀員或辦公室清潔工的人要怎麼發展出天職？他們這是強行將中上階級的理想套用在藍領勞工和中低階層。

誠如米克基・麥吉（Micki McGee）提出的批判，宛如清教徒天職觀再現的這個概念已經是心靈自助書籍裡普及的論調，並以世俗化的方式改頭換面，轉變成追求真實自我或自我實現這類說法——它如今被當作一種萬靈丹，用以對抗新經濟社會秩序中種種不確定性引發的焦慮問題。㊵工作者找到和選擇天職，也被視為個人成長和完全發揮自身潛能的機會。正向心理學家以彼得森和塞利格曼對正向個性長處與美德的分類方法（見第一章）為憑，力持一個主張：凡是運用個人的真實能力和天賦，從事最適合自己工作的人，他們在生活各層面都會做出最佳表現、獲得最好成果，每日都展現無比的動力和熱忱，並得到自我實現的滿足感。㊶這些專家認為職場是人們可以盡情施展自己真實能力的舞台，能以靈活、自主的方式展現它們，並在持續的試煉中得到精進。

永保靈活彈性

除了要求員工敬業以外，新自由主義下的企業所具備的另一個重要——也矛盾的——特徵為「永保靈活彈性」。這是「企業滿足消費者日趨多樣化的期望，同時將成本、延宕、組織分裂（organizational disruption）和效能損失（performance loss）維持在零或趨近於零」的一種能力。㊷企業的靈活彈性主要取決於工作者的能力，而不是任何技術因素。在這個意義上，個人能否靈活地執行其工作任務，大大左右了企業的生產力，因此，旨在提高員工這類能力的心理技巧受到高度重視和歡迎。

企業（其組織結構）和個人（其認知與情感結構）都需要靈活彈性。組織環境（organizational setting）的彈性化已經為企業帶來較低成本的實質益處㊸，然而其僱傭關係和生產作業的風險與不穩定都大幅增加。一個新的就業制度已然成形：工作穩定性降低，工作內容零碎化、多樣化，工作環境更加不確定。近數年來臨時工、彈性工時者、兼職人員、自雇工作者的數量急劇增加，企業比以往任何時候都具有更多的法律依憑來僱用和資遣員工，藉此調整人事支出。傳統的固定工作時間制轉向彈性化，企業可以因應生產繁忙時期的需求來調整工時、擴大輪班，或者要求員工以同樣薪水身兼多職等等。㊹如同尤契特爾（Uchitelle）和克林菲德（Kleinfield）所指出的，「恰恰是企業為了維持自身安穩所做的舉措讓員工感覺工作不安穩」。㊺

克雷斯波（Crespo）和塞拉諾—帕斯庫爾（Serrano-Pascual）則分析了歐盟社會政策裡積極提倡的「彈性安全」概念。該概念立基的前提為：工作條件的更多彈性安排會帶給勞動市場更大的安全保障（僵固性則會造成經濟不穩定、生產力降低和失業率增加）。歐盟政策以鬆綁勞動法規和促進工作的彈性化來因應各產業的生產模式變化及勞動需求，並創造更多「工作機會」（work creation）。㊻由於勞動市場再也無法保證工作安穩，企業和工作者想要在變化快速、難以預測的經濟環境中穩步前進，唯有採取彈性化：

彈性指的是個人順利過渡人生的每一階段……指的是工作者在職場步步高陞、達成「往上流動」，以及淋漓盡致地施展才華。彈性指的也是企業組織的靈活化，能夠快速、有效率地掌握新的生產需求和生產技術，以及協助員工在工作和私生活之間取得平衡。在另一方面，安穩指的不只是保有工作，也包括培養工作者的技能，使他們能夠在職場上取得晉升機會。㊼

克雷斯波和塞拉諾—帕斯庫爾認為這些政策具體呈現了一個新的工作文化。此文化立基於兩大支柱：一是削弱國家對勞動市場的掌控權力，二是推廣一個新的工作模式。從今而後，每個人要對自己的職場生活負起責任，無論成功、失業和適應變化，都取決於自己——集體責任和團結精神就此消失無蹤。政治和經濟的脆弱性從而變為個人的脆弱性，勞動領域走上去政治化和心理學化，工作者取代企業組織成為管理措施主要針對的對象。以彈性為名，便能正當地將企業組織所面對的不確定性重擔轉移到工作者身上。㊽據稱能夠幫助個人提高情緒和認知適應性的正向心理學技巧在此發揮了重要作用。在正向心理學語彙裡，彈性相當於韌性。具有心理韌性的工作者碰到問題和逆境時不會煩惱不前，而是會持續努力，把挫折轉化成自我成長和進步的機會，最後取得成功。正向心理學家表示，跟不具韌性的人相較，具有心理韌性的工作者在認知上和行為上都更靈活有彈性；他們更能夠勝任多任務工作，以及因應業務重組與工作內容調整；他們面對瞬息萬變的環境時更懂得臨機應變；他們更擅於將反面經驗轉換為助力，提升後來的工作績效表現。㊾具有心理韌性的工作者也比較不易受到憂鬱、壓力、工作倦怠或情緒耗竭等心理問題所苦。正向心理學論文著作闡述心理韌性何以是職場人必備特質時，經常以護理人員為例子（警察、消防員和軍人也是常被提到的例子）。護理人員身處高度緊張的工作環境，要面對人際互動困擾，會有被貶抑的感受，時常目睹生離死別，工作負荷過量但薪水低。正向心理學家以富有心理韌性的護理人員來說明，無論身處何種逆境，任何人都能夠適應與因應，甚至從負面經驗和不利的工作環境中得到成長。㊿然而，一談到工作者如何提升快樂和生產力，強化心理韌性總是被視為首要之務，其他諸如開闢財源、提高工資、增加休假、爭取更多的賞識認可等課題或其餘道德倫理考量，似乎都淪為次要了。

企業以心理韌性為揀擇員工的標準，熱中於培養員工的韌性，其實並不足為奇，因為百折不撓、堅強自信、負責任和適應力強的人正是它們所需要的理想員工。心理韌性這個概念有利於維持一種大家心照不宣的階層制度，使勞動界的主流意識形態和需求獲得正當性；至於不穩定、不健全、問題重重的職場環境所致的心理負擔和壓力，就全由員工自行承擔和處理。如今每位工作者一生當中平均要換數次工作，時常簽訂短期契約，兼職狀況普遍，每次轉職需耗費更多的時間和精力。根據美國勞工統計局（US Bureau of Labor Statistics）[51]和歐洲統計局（Eurostat）[52]公布的數據，在美國和歐洲都已出現這樣的趨勢。領英（LinkedIn）近來的一項研究指出，「頻繁跳槽者」（job-hoppers）這種新類型的工作者，其整個職業生涯的工作數量比數十年前普通工作者多出將近三倍。[53]如今每位工作者平均也花費更多的時間與個人資源來培養人脈關係和適應瞬息萬變的市場趨勢。[54]再者，在經濟活動人口中有越來越多的人得身兼兩份工作以上才能勉強維持溫飽（藍領、白領階級皆然）。與此同時，工作者面對更多的要求，包括：發揮最高的工作效率，更努力兼顧工作、私生活和其他責任（特別是家庭責任）——這對女性來說是格外困難的挑戰，她們的薪資平均比男性低，工作不穩定度和失業率都較男性來得高。

然而，「心理韌性」並不是被當作心理學式的委婉用詞，用於要求個人積極地面對現今職場的艱難環境，而是被當成了一種出色能力。所有工作者都應該憑藉心理韌性來自我成長和累積更多的心理資本，這是能夠靈活適應現今勞動市場變動的最佳方式。[55]《職場韌性：無論生活給你多少考驗，你都能成功》（*Resilience at Work: How to Succeed No Matter What Life Throws at You*）的兩位作者即明確闡述了心理韌性的概念。他們主張韌性是工作者最寶貴的一種心理能力，工作者可善用工作挑戰帶來的「機會」和任何壓力狀況來提升自己與持續發揮個人潛能。

> 身為人類，我們想要相信自己能夠學習、改變以及掌控遇到的各種事。長久以來，「自力更生」的能力一直是職場上最受重視的價值之一。我們期望在企業內部職位上與個人能力上都持續精進，而這取決於我們不斷適應高壓情況和快速變化的能力……當代社會與經濟的壓力已出奇的龐大，讓我們越來越難以適應。雖然我們仍然想要信賴自己學習、改變和掌控壓力狀況的能力，但如果我們缺乏心理韌性，面對如今變化不定的環境，恐怕會不堪一擊並難以復原。在這個時代，我們比以往任何時候都更需要心理韌性來因應壓力。本書將教你如何培養韌性，無論生活給你多少考驗，你都能順利成功。[56]

心理韌性概念也對所謂的「創業精神文化」（entrepreneurial culture）影響甚深。過去十年來，「創業精神」（entrepreneurship）在許多大學、商學研究所和企業裡成為一門重要研究領域。創業家被視為韌性十足、百折不撓、自主、樂觀、懂得自我激勵的一群人。他們被視為社會改變和經濟發展的引擎，他們願意冒風險來完成個人的目標、夢想和人生計畫，能夠將創新的、富創意的點子落實為具體的經濟活動。創業家據說也是潛力得到最大發揮、處於巔峰狀態的人，因為他們有明確的人生目標，決心要完成目標，總是以樂觀心態來面對一切逆境。創業家也懂得利用任何一個機會，懂得從自己的錯誤中學習、從失敗中受益。

此外，任何人都可以創業。無論貧或富、老或少、男或女，任何開始實現創業精神的人都會得到回報，可能是更大的幸福感、更高的自信、更強的自主性或是更清楚的人生方向感。這是經濟學家彼得・格里爾（Peter Greer）和克里斯・霍斯特（Christ Horst）（兩人亦於親資本主義的基督教機構霍普〔HOPE〕擔任主任要職）在《邁向圓滿的創業精神》（*Entrepreneurship for Human Flourishing*）[57]一書中的看法，也是許多心靈自助作家、心靈自助教練、激勵導師和顧問強力宣傳、背書的理念。他們都抱持同樣的內在意識形態和信念，認為應該讓更多人知道創業就像一趟自我改造之旅，非常值得一試。

他們倒很少提到，社會學統計數據揭露的現實狀況與他們的假設截然相反，儘管這類創業精神論述起源自富裕的已開發國家，卻是在**失業率高**和**經濟疲弱**的國家裡大行其道，流傳得更廣泛。可見那些國家的人面對就業機會少的勞動市場，被迫要自尋出路。實際上，根據「核准指數」網站（Approved Index）[58]的資料，全球創業家人數最多的前幾個國家包括烏干達、泰國、巴西、喀麥隆和越南。

自主性，另一個矛盾

自主性和敬業、心理韌性一樣被視為正向的組織行為，不僅學者們積極研究，企業也致力於提升員工的自主性。在新自由主義下，自主性成為企業員工的可貴能力，因為職責不再是從上而下的縱向分層化，而是水平分部化的橫向分工。這意味著個人必須自行處理工作中大多數的突發情況、對自己的表現負全責，並且自主地運用個人能力、物力資源和時間來達成任務目標。[59]自主性也伴隨著一種期待：工作者在執行任務時要能積極、有創意，懂得自我規劃和自我主導。業務員就是在工作上發揮自主性的絕佳例子。他們必須自己開發客戶、培育客戶忠誠度、維持客戶滿意度，還要常常想出創新點子來增加產值收入或是提高工作效率。在公司眼中，業務員的成績好壞完全取決於他們自身的努力。

自主性與其他緊密相關的心理學概念，例如自我控制（self-control）、自我調整（self-regulation）和自我效能（self-efficacy），正是許多正向心理學技巧欲協助個人達成的目標。這些技巧五花八門，包括：改變情緒形態（意指個人合理化自己的成功和失敗的方式），時常說出正向自我肯定宣言，希望思維模式訓練（一種目標導向的思考歷程，人們相信自己能夠找到、能夠創造有用的路徑來達成目標），練習感謝和寬恕，培養樂觀心態等等。[60]正向心理學家認為，個人提升與實踐自主性不僅對企業有益處（比如企業轉向自我控制管理，責任改由員工個人承擔，花在外在控制和監管的支出減少），也是個人實現自我、提高生產力和職場成功的基礎。[61]自主性顯然是影響個人幸福感的主要變項，這可以解釋為什麼從正向心理學家到心靈自助書籍作家、顧問、激勵演說家和心靈教練都紛紛提供各式各樣技巧來協助個人在情緒上和認知上做自我調整。他們保證工作者只要學會這些技巧就能增強自我管理能力（self-governing），進而提高工作表現，建立正向的、有益的人際關係，控制怒氣，培養健康生活習慣，從容應對風險和不確定性，懂得以正向和建設性方式來看待平日的挫折和失敗。

企業和正向心理學家都推崇的自主性，其概念本身卻充滿晦暗不明和弔詭之處。事實上，自主性概念所肯定的，正是它所否定的東西。一方面，企業希望員工自己引導自己，但另一方面又希望他們遵守企業文化——這意味員工根本不是獨立自主，而是服從公司的原則、價值觀和目標。企業也強調員工應該獨立思考和自動自發，然而多數工作者並不真正擁有決定權，也無法選擇自己的任務和目標。工作時間也不在工作者的掌控範圍之內。企業會評估員工能否隨傳隨到的「可用性」（availability），而科技發展和網際網路更進一步打破公、私領域的界線。此外，儘管企業要求員工自我控管，卻也規劃出各種繁瑣、難以理解的評鑑方法和獎勵方案，更頻繁地對他們進行考核。因此，自主性似乎僅是一個動聽的措辭，用來勸誘員工去做更多的份外工作。當然，企業要求員工有生產力自是合情合理，但是不該操弄語言來讓他們相信公司的任何舉措並不是為了維護自身利益，而純粹是為了員工好。企業想讓員工相信公司利益與他們的個人利益毫無二致，亦是大有問題，畢竟多數員工對公司的重要決定並無從置喙。

另一方面，企業將自主性與員工的快樂和自我成長緊密掛鉤，往往只是為了隱藏一個真正的意圖：一旦企業遭逢任何失敗或困境，即是員工自己的責任。因應隨時變化的市場與其中的風險，原本應該是企業要擔負的責任，此一重擔卻逐漸轉移到工作者身上。工作者不只要對自己的失敗負起全責，也要為企業的失敗負責。對工作者來說，這往往是難以承受的壓力，因為新自由主義之下的企業為高度競爭的環境，員工必須面對多重任務、越來越高的工作要求和持續存在的裁員風險。二〇〇六年，法國雷諾汽車公司一名技術員的自殺事件引起學者米蓋拉．馬爾札諾（Michela Marzano）的關注。該起自殺的調查報告指出，雷諾汽車公司推行的嚴苛管理制度使得員工必須承擔起公司的成敗。法國年平均自殺率約為一〇%，而位於伊芙琳省基揚古爾市的雷諾汽車技術中心，其員工的自殺率高於三〇%。㊷馬爾札諾指出這起事件並不是單一個案：任何企業文化免不了會逐漸瓦解立基於團結與相互支援的社會支持網（social fabric），因為這類文化強調個體性、獨立性和個人責任。二〇一六年，美國全國勞資關係委員會（National Labor Relations Board）要求電信業者T-Mobile 刪除員工手冊裡的「維持正向工作環境」要求。該委員會認為「正向工作環境」是「模糊不清」的概念，會阻卻員工自由表達意見和組織工會的權益（該委員會先前已多次接獲該公司員工申訴，指出公司政策有礙勞方組織工會）。㊸

由此看來，在工作職場中的自主性和獨立性並無助於提升工作者的快樂感，因為員工們共同建立起的一個所謂正向環境，只是對做此要求的企業主有利（還有那些聲稱能以科學方法建立正向環境的專家）。因此，無論自主性是多麼虛假的概念，它不只能對工作者發揮真正的控制作用，最終也說服許多人相信（無論是出於信念或現實需要），作為一名員工的個人快樂和價值完全取決於工作表現。

不可或缺條件

工作成就和快樂之間顛倒過來的因果關係為職場領域帶來了重要改變。「顛倒的需求金字塔」也帶來工作者自我身分的新的建構邏輯。[64]此一邏輯不是來「補足」先前人本管理模式的主體性論述，而是要逐步取而代之。正向心理學家已經啟動組織文化的全新演進方向，快樂逐漸成為個人在現今職場中如魚得水的不可或缺條件。正向心理學家表示在近十數年研究中最驚人「發現」之一，正是快樂與職場成就之間的因果關係。他們聲稱已經證實，增進快樂程度不僅是提高工作表現和工作滿足感的先決條件，也能增加事事得償所願的機會，像是：找到工作，擁有穩定的薪水收入，在工作計畫上大展宏圖，建立有益的人脈網絡，擁有良好、互惠互利的職場人際關係，以及更妥適地處理職場要求與工作條件所導致的心理壓力和影響。

這個倒轉的因果關係不只適用於勞動領域。在日常生活的其他領域，快樂也是圓滿和成功的先決條件。整套快樂論述和技巧背後貫穿的概念是：更快樂的人不僅是更有生產力、更有效率的工作者，最重要的是，他們也是更好的公民。在二十一世紀資本主義世界裡，確實已經出現一個強大的快樂產業並且在持續擴展當中。它提供了一個簡單但吸引人的承諾：個人可以藉助市面上形形色色的快樂產品與服務來成為更快樂的人，一個人越快樂就越能提升他作為社會、政治和經濟主體的價值。這就是下一章要討論的主題，我們也將檢視理想的「快樂公民」所需具備的主要心理特徵。

第 4 章

貨架上的快樂自我

Happy selves on the market's shelves

廣告就建立在一件事上：快樂……那麼，快樂究竟是什麼？快樂是一個瞬間，接著你需要更多的快樂。

——《廣告狂人》（*Mad Men*）裡唐・德雷柏（Don Draper）的台詞

在possibilitychange.org這個網站上有成千上萬人現身說法，分享改變自己、克服逆境的經歷，或是公開自己掌握人生的訣竅，內容非常激勵人心。不少心靈教練、顧問和自助成長書籍作家也會透過該平台自我宣傳，希望能吸引任何想改善生活與發掘快樂祕訣的人選擇他們的專業服務（保證價格公道）。他們自詡的助人資格往往根基於親身累積的經驗。目前提供線上教練服務的艾美・克勞弗（Amy Clover）就是一個絕佳例子。她原本有憂鬱症和偏執傾向，有一天突然領悟到一切都取決於自己，她透過掌控自身的想法和感受，改用更正向的方式來面對所有處境，就此脫胎換骨成為一個快樂的人：

我以前認為快樂的人都是惺惺作態……我太習慣掙扎過日子，根本無法想像輕鬆、容易的生活是什麼樣子。我無法理解有人是真的快樂。也許我只是不願去設想那些……我喝很多酒，也吃減肥藥，我想擁有更迷人的身材，好讓大家只注意我的外表（但願他們不會發現我實際上是多麼不對勁）。我覺得自己問題多多、糟糕透頂。我後來壓抑到無法再承受下去……那時我下定決心，我要改變人生。接下來幾年，我循序漸進達成一個似乎不可能的目標，我戰勝了憂鬱症。我已經打定主意絕不放棄，拒絕受到疾病的擺佈。我一再失敗，但是每次跌倒後，我都會再站起來。七年過去，我現在是熱情開朗的一對一教練和線上教練，我會輔助你找回自己的力量來克服挫折和發現快樂。不論你現在的生活狀況如何，如果你不快樂，就得做出改變。人生太短，不容你一直活在絕望的迷霧裡……當然，有一些疾病、問題和狀況無法操之在己，不能夠被改變逆轉。但是當它們可能嚴重影響你的生活時，你可以自行決定要怎麼反應、要做些什麼事來因應……我提倡心理治療，因為它在我的自我改變歷程中發揮很關鍵的作用。即使你沒有任何心理疾病，心理療程可幫助你釐清混亂的想法和持續存在的困擾，可能就是那些問題讓你無法真正感到快樂……**最重要的是，你要選擇快樂，願意努力去爭取快樂。**

你為什麼不過著夢想中的生活？為什麼不成為雜誌報導裡的成功故事主人翁？為

艾美的自述與其他許多人的類似經歷透露出幾個值得關注的重點，我們將在本章中逐一討論。首先，這些親身敘述顯示快樂已經成為衡量一個人是否把生活過好的道德標準與心理標準。在每個自立自強、奮鬥不懈、把所有挫折當作成長機會的個人自我成長故事裡，達到快樂就是最後的高潮結局。這些故事假定個人的努力一定會有回報，而且是豐碩的回報——「我一再失敗，但是每次跌倒後，我都會再站起來。七年過去，我現在是熱情開朗的一對一教練和線上教練，我會輔助你找回自己的力量來克服挫折和發現快樂。」個人取得勝利的這些快樂、正向時刻，確實是人們願意向自己和別人展現的一面；而脆弱、失敗和痛苦的時刻，則被視為心理調節不良的可恥表現，應該掩藏起來，並由個人自己消化處理。「我喝很多酒，也吃減肥藥，我想擁有更迷人的身材，好讓大家只注意我的外表（但願他們不會發現我實際上是多麼不對勁）」——儘管艾美公開揭露了自己的問題，但這跟上述的心理通則並不相悖。一方面，她藉此進一步強調追求快樂是跟自己、跟處境的「奮戰」；另一方面，她只不過是在回顧過去的問題，也就是說，艾美現在已經走上通往快樂的正確道路，她大可以把自己當作自我提升的例子來分享。

其次，這些個人經驗談呈現出快樂如何成為所有「自我改善」（self-betterment）歷程的終極目標。只要以快樂為標的，無論一個人面對哪種情況，都能採行一體適用的治療計畫。就如艾美的自述所說的：先承認問題的存在；下定決心要掌控自己的生活；必要時尋求專家的專業協助；透過更正向的視角來重新框定自己的想法和情緒。只需要一個方案就好，完全無須針對個人特定的問題去對症下藥。至於要如何將同一套計畫運用於解決不同人的不同問題（無論是成癮問題或人際關係難題），就交由每個人自行詮釋、自行發掘。舉例來說，正向心理學家和快樂專家主張，人要活得更快樂，找到人生的意義和目標是一大關鍵要素。但他們從未明確說明究竟什麼是人生目標：每個人自己才能給自己解答。如此泛泛而論的快樂計畫當然彈性、機動性十足，也就是可適用於各種各樣情況，可供許多人共同採納；它雖不否認每個人的狀況各有不同，但從不因人制宜。這使得任何快樂方案成為易於商品化的產品，就算百人百樣情，它都能切合所有人的需求。

第三，這些自我成長故事立基於一個想當然耳的假定：無論一個人對自己現狀的滿意度是高或低，他的生活始終需要更多快樂。這是由於快樂不僅是擺脫負向狀態而已，它還被描繪為一種持續提升的正向狀態。快樂首先是連續性的，它不是人生中的某一階段或最後階段，而是個人永無止盡成長過程的一環——無論一個人對自己有何感受，他都應該追求越來越高程度的快樂。這也假定了人始終可以提升再提升、進步再進步。這意味著追求快樂的人投入的是一個永不間斷的自我塑造過程。由於自我被假定為不完整的，每個人始終有所欠缺，始終可以活出更好版本的自己，但完全的快樂與完全完滿的自我也成為永遠無法達到的理想境地。這個矛盾性使得快樂成為市場上的理想商品，因為永遠無法滿足的快樂需求會帶動綿延不絕的消費；兩者的密切關係在本章引言，美國影集《廣告狂人》主角唐・德雷柏的那段著名台詞裡得到巧妙的說明。

這幾個面向都有助於我們理解為什麼快樂會自成一類商品，在現今的消費市場上佔據著核心位置。快樂如今不再僅是用於銷售商品的動人字詞，承諾大家在購買取得商品後會有的愉悅（儘管短暫而虛幻）。快樂反過來成為一種「商品」，發展為一個特定市場的主要成長動力。消費者得到快樂會持續增加的承諾，同時也接受一個前提：唯有達到最高水平的自我發展，才能將他們的個人價值、經濟價值和政治價值提升到最高值——而快樂成為自我發展的終極評量指標。

二十一紀的資本主義催生出規模和消費威力都日益龐大的「快樂經濟」。「快樂經濟」並不是一個比喻詞，而是一個實實在在的新產業，其全球產值高達數十億美元。快樂本身成為商品拜物的對象，而為了滿足消費者多變的需求，總有更多的快樂「情感商品」

（emodity）應運而生。無論是服務、療法或商品，它們往往打著科學或心理學旗號，保證只要執行某些技巧、某些管理就能達到自我改變。②這些產品的賣點建立在買賣雙方的一個共同認知：追求快樂是人生最值得的投資，因為更快樂的人不僅更健康、更有適應力、更主動積極、更有生產力，最重要的是，他們也是更好的公民。

快樂商品大舉進佔市場，這個現象具有重要的社會學意義。快樂搖身成為市場上引領風騷的商品，此一事實也能反過來解釋為什麼快樂論述的盛行程度和影響力在近二十年逐漸增加並越發鞏固。這是互為表裡的雙向發展：由於快樂已然成為評斷每個人的個人價值、經濟價值和政治價值的核心標準，消費資本主義大有理由將這個具備正當性（快樂顯然是客觀的、可測量的）、價值非凡的概念加以商品化。

我們據此得出一個推論：為什麼快樂在現今資本主義消費體制裡成為所向披靡的主流商品，一個主要理由在於，所有這些快樂「情感商品」提供的不只是短暫的愉悅、平靜、逃離、希望與安心等等，相反地，它們明確地將追求快樂重新定義為一種生活型態、一種頭腦和心靈的習慣，以及自我成長的理想目標。新自由主義社會裡的公民就此成為「心理至上者」（*psytizens*）——意即奉行個人主義和消費主義的個體。對於新自由主義社會裡的公民來說，追尋快樂已經成為他們的第二天性，因為他們堅信自己的全部能力和價值都來自於持續不斷的「自我提升」（透過各種各樣的心理學技巧）。就如我們在別部著作裡探討過的③，這種自我追求不僅符合資本主義市場經濟對情緒自我管理、本真性和持續自我進步的要求，更能以心理學和情感語彙將那些經濟性質的要求重新界定為「個人性格」，從而賦予它們理所當然的正當性。因此，快樂與其被視為一種情緒，不如說是一種自我追求的典範目標，它的定義主要由心理學和情感語彙構成，它作為商品在消費市場佔有重要一席之地，也隨時因應市場需求而有所調整重塑。

上述推論與若干社會學家對心理治療文化的批判④不謀而合，也和一些學者針對快樂與消費市場關係的批判性分析所見略同。比如山姆·賓克利就指出，當代心理學對快樂的論述——

> 有助於將經濟政策的主張轉化為個人身心實踐的主張。快樂論述所灌輸的活力、樂觀和「正向情緒」觀念，與新自由主義下企業要求的自我管理恰恰是一體兩面，意在取代還滲透在我們內裡的他人管理觀念殘跡。此種盡可能追求快樂的傾向與新自由主義推崇的競爭性、利己主義作為是相互映照的。⑤

我們接下來將探討各種有著科學研究和專業知識背書的快樂商品，以及它們所承諾的心理素質培養效果。成為商品賣點的那些心理特性也被視為身心運作最良好的快樂公民（或說「心理至上者」）的典型人格特質。我們認為「**情緒自我管理**」（emotional self-management）、「**本真性**」（authenticity）和「**心盛**」（**圓滿**）（flourishing）是其中最具代表性的三個特點，也最能夠說明快樂產業與快樂公民定義之間的相互作用關係。雖然這三種特性互為表裡，我們接下來將會分別加以探究。

管理你的情緒！

自我管理是快樂公民的一大特質。快樂的人能夠透過理性的思考和策略來管理自身的想法和情緒感受，懂得怎麼激勵自己，即使面對逆境也堅持不懈達成目標，知道怎麼採取有效行動將成功的機會最大化。自助成長書籍作家、心靈教練、正向心理學家及其他許多快樂專家都同意，任何人若是想在日常生活的所有面向都有稱心如意的表現或成果，培養與發展出良好的自我管理能力是最為重要的一步。[6]彼得森和塞利格曼在他們合著的《個性長處與美德的分類手冊》裡就寫道：「像鍛鍊肌肉一樣持續鍛鍊自我控制能力的孩子、青少年和成人，他們都過著更快樂、更有生產力、更成功的生活。」⑦

這個假定正是引發很多學者批判的問題點之一。他們依循傅柯對權力與主體的觀點，認為強調自我管理助長了一種意識形態與其錯誤主張——即認為人可以用意志來控制自己的生活；這更促使人們相信，每個人必須要為自己身上發生的一切負責。⑧正向心理學論述又強化了這樣的信念，使得自我管理不再只是個人能力，也成為一種心理特質，原本具有意識形態屬性的要求從而變成人類的普遍天性。快樂科學家確實認為每個人都具有相同的心理機制或說內在肌肉，因此人人都可以完全掌控自己——尤其透過正確的心理技巧來鍛鍊增強的話，更能事半功倍。

讓快樂變成一種習慣

這個假定開闢了一片新的市場沃土，成為琳瑯滿目課程或諮詢服務的賣點：只要擴展加強自我管理能力，就能提升身心健康、預防疾病、應對壓力、克服無力感，或是以更正向、更有建設性的方式來看待失敗挫折。有各種各樣鍛鍊技巧任君選擇，每一個都聲稱以「科學為基礎」，適用於任何人的任何需求或情況。一些技巧旨在改變認知形態（cognitive style）——意即個人如何理解自己成功和失敗的原因[9]，另一些技巧則是著重於正向自我肯定的日常練習。[10]另外還有「希望思維模式訓練」（一種「目標導向」的思考模式，人們藉此覺察到自己可以找到多個路徑來達成目標〔路徑思考，pathways thinking〕，也可以擁有充分的動機去運用不同的路徑方法〔動力思考，agency thinking〕）[11]；或是感謝與原諒練習；或是培養樂觀心態（意指個人對未來的正向預期程度，其程度高低會因人而異）。[12]

值得指出的是，所有這些技巧都具備一些共同特性。一方面，這些技巧是為了被快速消費而設計。它們當中沒有任何一個是以深入改變或結構性改變人的心理為目的。它們被包裝成服務，僅聚焦在每個人自己都能夠輕易理解、控制、管理和改變的生活實際面向。另一方面，這些技巧都聲稱，只要付出小小的投資和努力就能很快得到可觀成果。因此，這些技巧不涉及複雜、徹底的心理分析，而是力求提供簡單、省時和理論淺顯的指引，人們只要遵循其建議便能解決日常問題，並且把困難障礙有效地轉變為具建設性的刺激。

這些技巧要更成功、更有效地商品化，首先得避免提及潛意識。潛意識的定義就隱含了缺乏動力（agency），因為它假定人的心理有一部分不在個人所能控制的範圍內。因此必須用另一個概念取而代之：人的心理是完全可被認識的，經得起理性檢視，也完全可由自己操控。其次，這些技巧向人們提供一種有關「心理」的通俗、非技術性語言，例如：樂觀、希望、自我肯定、感恩、滿足等等，因此讓更多人能夠輕鬆地運用與理解。人人都能做「自己的治療師」，也就是說人人都擁有自我療癒的內在能力，也最熟知並了解自己的需求、目標、問題和恐懼等等。第三，這些技巧將自我控制描述為一種溫和的過程，每個人應該避免產生任何負向的情緒、回憶或自我評價，而是要聚焦於自己的成就、長處、正向感受、正向回憶、夢想、期望等等。

所有這些技巧的最終目的都在於把快樂變成一項習慣，也就是內化成為生活的一部分和足以自動而發的行為。這個目標一再成為正向心理學、教練學和心靈自助成長書籍的探討主題。從山繆爾．斯邁爾斯、霍瑞修．愛爾傑到諾曼．文森特．皮爾，從尼古拉斯．希爾（Nicholas Hill）到戴爾．卡內基（Daniel Carnegie）和安東尼．羅賓斯，他們都堅持主張，要想得到快樂，最有效的方法便是將尋求快樂變成一種日常習慣。例如，正向心理學家索妮亞．柳波莫斯基就大力鼓吹這樣的理念，她在《這一生的幸福計畫》裡做出以下結論：

> 每個人顯然都應該將正向思考和正向行為策略轉變為一種習慣……你應該習慣策劃任何一項快樂行動，像是：勇往直前，學習寬恕，品味生活樂趣，為某件事努力，看事情的光明面，以及細數每一件要感恩的事。你的目標是下意識地、自動

地做到這一切。培養這類習慣有助你將快樂行動融入日常作息當中……本書旨在勉勵各位培養新的健康習慣。諸如看事情的光明面、品味生活樂趣、學習寬恕、為重要的人生目標全力以赴，這些行動會讓你的快樂程度大不相同，將這些做法變成習慣，肯定是最好的快樂之道。⑬

按照這個思路，自我控制、有效管理自己的情緒（例如「情緒智商」）等能力，已經成為定義一個快樂的人的重要條件。「情緒智商」被定義為：「精確地察覺和表達情緒的能力；運用情緒以促進思考的能力；理解情緒的能力；管理調節情緒以提升情緒和智力成長的能力」⑭，它不再是一個矛盾修飾詞，而被視為個人必須培養的能力。想要在生活中游刃有餘，在就業市場和職場上脫穎而出，具備情緒智商是至為關鍵的一項基礎。情緒智商這類觀念其實顯示了現今社會越來越講求情緒的「理性化」，情緒完全被劃歸為個人私領域的責任。情緒如今成為新自由主義社會裡自我關照療癒風氣的核心主題。情緒被視為身心健康和社會適應能力的主要基礎之一，但也是痛苦、適應不良和身心失調的源頭，因此個人必須盡力去適當調控自己的情緒。社會要求人們進行情緒管理，也成了刺激消費者購買行為的一個關鍵因素。驅使當今消費者購物的動機不再是為了提升自身的社會地位，而是渴望能有效地掌控自己的情緒。⑮而形塑和引導這類需求的快樂產業已逐漸把觸角擴展到數位虛擬化產品和服務。我們接下來將說明這一點。

「應用程式」（app）是你的快樂好幫手

在持續成長的快樂虛擬產品市場上，英文版 Happify 是相當受歡迎的一款智慧型手機應用程式，其用戶數已超過三百萬人。應用程式商店的「健康與健身」、「身心福祉」、「自助」、「自我發展」或「快樂」類別下，有越來越多類似功能的應用程式任君挑選，例如快樂追蹤（Track Your Happiness）、快樂生活（Happy Life）、快樂習慣（Happy Habits: Choose Happiness）、更快樂（Happier）和快樂馬拉松（The H(app)athon）。Happify 提供使用者情緒狀態的實時監控，並依此資料提出相應的建議，例如：如何增加正向情緒和正向思考，如何在生活的各個領域挑戰與達成更高目標，或如何提高快樂程度。若要使用這個應用程式的完整功能，月費為一四．九五美元（二〇一八年末時的價格）。

Happify 應用程式的使用者一開始必須詳列個人目標、評定自己當下的快樂程度，以及完成精簡版「長處價值觀問卷」（Values in Action, VIA）的填答。該問卷量表為塞利格曼和彼得森所設計編製，旨在幫助個人找出自己真正的性格長處，完整原始版見於兩人二〇〇四年出版的《個性長處與美德的分類手冊》一書。這個應用程式提供一些可進行追蹤的項目，像是「更妥善地處理壓力」、「在職父母放輕鬆」、「激勵自己邁向成功」、「找到自己的天命」、「建立更穩固的婚姻關係」等等。這個應用程式也推薦幾個「基礎」追蹤項目，像是「克服負向思考」。這個項目係由德瑞克．卡本特（Derrick Carpenter）所創設，據稱是以科學為基礎。卡本特擁有賓州大學應用正向心理學碩士學位，是一名正向心理學教練，專門為大眾提供「正向心理學和情緒韌性」的指導服務，他的客戶包括「《財星》雜誌全球五百大企業主管、美軍軍官到全職媽媽」。這個項目為使用者規劃的頭兩個活動為「提振心情」和「今日分成就」。使用者能從這兩項活動中學習到正向的威力，他們被鼓勵去思考自己在做的事，以及練習把注意力放在自己近來的成就上。只要使用者放下懷疑，完全遵照每個指示去行動，他們在幾天後就能讓快樂分數翻一倍。

使用者完成一個追蹤項目後，還可以選擇其他新的項目；只要妥善完成每個任務、活動，就會得到快樂積分。他們的情緒改善狀態持續被監測記錄，從每日統計資料就可掌握「心理健康」程度。此應用程式也提供情緒與生理參數（比如心跳率、睡眠模式，以及透過智慧手錶或多數智慧型手機都具備的加速度感測器所收集到的其他生理訊號）的相互比對。此外，這個應用程式推薦使用者與其他使用者和「社群」裡的朋友分享自己的實時數據，交流心得、訣竅，以及參與「誰更快樂」的線上挑戰。除了一般方案，Happify 也提供「家庭和子女」、「愛和親密關係」以及「工作和金錢」等類別的特別方案。例如「商務解決方案」即是其中很引人注目的一個項目，它的宗旨在訓練與打造員工的正向情緒，使他們在工作上變得更有效率、更專心投入、更加敬業。此方案也承諾「小投資能有大回報」，工作者只要進行簡單的練習就能輕鬆改變心態。一位使用者分享了自己的經驗：

從 Happify 上學到的技巧幫助我換個方式面對挑戰。我在工作時也更有動力、更有生產力——以前老是拖拖拉拉，但我現在是行動派。我不再會積壓工作，以更正向的方式思考，覺得更有自信，過得更快樂。⑯

這些智慧型手機應用程式最吸引人的一點在於，它們都自豪地宣稱為二十一世紀的人們提供「經過科學實證的有效辦法來達成更良好的心理健康以及更高的幸福感」。⑰科學背書成了增加此類應用程式價值的利器。使用者連上 Happify 網站，點選「科學」區塊，就能一覽「Happify 背後的專家」。龐大的專家學者陣容包含心理學家、生活教練及社會學教授，知名的正向心理學家芭芭拉・弗雷德里克森、索妮亞・柳波莫斯基也在列。該網站寫道：「Happify 的課程是由最優秀和最聰明的人（專家、研究科學家和實踐者）創建的，他們相信我們所做的事情，迫切地想要改善人們的生活」。這是互惠的合作。許多研究快樂的專家將這類智慧型手機應用程式視為可及性高、靈活多變、低成本高效益的科技工具，將會形塑快樂研究的未來，將其帶到新高度。[18]二〇一六年，「Happify 實驗室」平台成立，宗旨為「與世界各地的科學研究者展開合作，以促進正向心理學和正向神經科學的發展」。該平台於二〇一七年募得九百萬美元資金。它提供 Happify 使用者的行為模式、心得評論、反饋和個人記錄以供科學研究使用。此舉措的目的之一在於：

> 讓 Happify 與學術研究者攜手合作，以便對正向心理學和神經科學的行為健康介入措施展開臨床試驗。研究者可以取得 Happify 使用者的數據資料。這個平台也會與企業結盟，以期讓更多人有機會運用這些價格可親、立即可用的心理健康和幸福感解決方案。這個新平台將關注投入的議題包括：心理韌性、正念、憂鬱症、焦慮、慢性痛苦和各種情緒失調疾病。[19]

Happify 和其他快樂「情感商品」能夠大受歡迎，關鍵在於快樂的可量化促成了它的可商品化。儘管正向心理學家和快樂經濟學家主張快樂是不證自明的好，事實上，如果快樂仍然僅是一種特質或抽象價值，無法量化，那麼它便無法成為各國政府重要的統計指標、左右公共政策制定的方式或是在市場經濟中扮演一個角色。一個領域或主題要具有可控性、可加以商品化，不是僅有觀念和一整套語彙便足夠，也得有方法來量化、估量、比較和計算它的價值效益。⑳由於快樂具備可測量性，便可以計算個人或企業透過快樂產品和快樂活動在生活各領域達到的「投資報酬率」。可測量性也可以為這類情感商品添加公信力和正當性光環。因此，Happify 不是作為有趣或娛樂性應用程式來銷售，而是要承諾一切方案的有效性，並且強調背後的科學根據——Happify 表示八六％的用戶在規律使用八個星期後，快樂程度都顯著提高。

投資和報酬之間的良好平衡（所謂的小投資大回報），確實是快樂概念得以在公共政策議程、消費市場和企業組織裡佔有一席之地的主要原因之一。快樂商品通常以價格平實、消費者自己和他人都受惠為賣點，立即見效的成果包括：更有效的應變能力和解決策略（因此毋須花錢去做心理治療），更良好、更強韌的身心狀態（因此省下上醫院、保高額保險的開銷），或是在職場有更出色的表現，更有動力、更投入工作，缺勤率降低（公司的人力資源管理成本支出因而減少）。

最重要的是，這類自我管理應用程式廣受歡迎的事實，顯示出個人要為自己的健康情況和幸福感負責已成為現今社會的普遍要求，而個人也欣然同意（並且享受）每日對自己進行自我監控和自我管理。毫不令人意外的是，這類應用程式實際上已成了一種大規模監控的工具。以增進快樂為名，用戶的情緒、想法和生理訊號全被收集和儲存，這些大數據被用於側寫、研究、預測和形塑人們的行為模式。一個驚人的問題點在於，有越來越多人熱中投入這樣的自我監控，而大企業從中持續地盈利。這顯示出新自由主義社會裡的人們，特別是新世代，已經把一個觀念內化於心中：一個不斷自我檢視和自我管理的生活，是最值得過的生活。這個觀念既是新自由主義的倫理信條之一，也見於現今快樂科學的主流論述，而這類智慧型手機應用程式的出現讓它更加廣泛普及。這些應用程式不僅將這個特定觀念視為舉世皆然的真理（也想當然耳認為用戶已視其為理所當然），還讓自我監視成為一種無害的遊戲。

儘管這些自我管理應用程式能帶給使用者將自己的心理和情緒生活完全掌控在手裡的感受，相信自己做的是增進健康和幸福感的事，但我們認為，這些應用程式往往會導致若干重要議題被模糊掉。比如，它們其實鼓勵個人沉浸在自己的內在生活，甚至到了過度沉浸的地步——總是在擔憂自己的想法、情緒和身體，想著如何更好地控制它們。這些過程反而會助長不同型態的不滿情緒——因為日日檢視、監控和修正自我內在狀態所導致的不滿失望。這麼一來，滴水不漏進行自我管理的美好承諾很快就變成令人天天心驚膽顫的威脅：如果不持續進行自我監控的話，就可能變成不快樂、無紀律、忽視自己身心的人。

此外，這些應用程式將人的內在化為具體可見之物。它們宣稱是以外科手術般的精確度捕捉和量化用戶的心理，再以彩色圖像、數據、表格和圖表客觀地將其描繪出來。內在狀態彷彿得以外顯。但是人們透過這些應用程式做到的，與其說是自我監控和自我管理，不如說是遵照程式的指示和要求（應該如何思考、如何行動以及如何感覺）來「展演」自己的主體性和身分。因此，使用者找到和管理的自我並不是真正的自己。接下來我們要探討的第二個特點「本真」，實際上也會讓人無從找到真正的自己。

做你自己！

「本真」是快樂的人應當具備的另一大要素。人本主義心理學家卡爾・羅傑斯在其名著《成為一個人：一個治療者對心理治療的觀點》（*On Becoming a Person: A Therapist's View of*

Psychotherapy）中給予「本真」一個相當齊克果式、存在主義式的定義：「成為一個真正屬己的自我」。[21]羅傑斯認為，無畏地表達出自己真正的感受和想法就是本真，「而不是表面上抱持一種態度，但在更深層的無意識層次當中抱持另一種態度」。[22]「成為一個人」的過程，主要包含兩個面向。第一，一個人得領悟到任何心理問題的根源都在自己內在，主要都是個人觀點的問題：「環境或文化不是影響或決定人的行為的直接因素，人對那些條件元素的知覺才是主要因素（也許是唯一的因素）。換言之，人的行為取決於他的知覺」。[23]第二，在成為一個人的過程中，人會發現那些更忠於自己本性的才華和技能。這個面向後來由馬斯洛進一步闡述。馬斯洛在其著作《動機與人格》（*Motivation and Personality*）中提到，找到自己適合的事、去做適合自己的事才能達成自我實現：「音樂家必須創作音樂，藝術家必須作畫，詩人必須寫詩，如果他想讓自己最終內心和諧的話。」[24]馬斯洛主張，人要做自己最擅長的事才能成為一個「充分發揮功能的人」：只要實踐自己內在的能力和興趣，每個人就能擁有健康心理、享有圓滿人生。

正向心理學家將人本主義的本真概念加以發揚。根據他們的看法，本真也是：「展現真實的自己、真誠地行動」、「不偽裝」、「對自己的感受和行動負責」。[25]正向心理學家同樣認為，行動時忠於真實自我、「專注在自己所長」[26]的人會取得出色的、正向的成果。然而，有別於人本主義心理學以及更早之前的其他類似運動——十九世紀後半葉的浪漫主義運動㉗，十九世紀末期的積極自由和個人主義觀點㉘，以及二十世紀的許多宗教運動和新時代（New Age）運動（尤以美國最多）㉙——正向心理學家以演化論、實證論的觀點將這個本真概念重新框定為人格特質。「本真」被定義為一種人人皆有的生物性特點，能夠被測量、分類以及客觀地描述。

本真作為人格特質

彼得森和塞利格曼合著的《個性長處與美德的分類手冊》即是正向心理學如何闡釋本真的絕佳示範。他們主張，世界上普遍被推崇的「美德」有六種，內含二十四項「性格長處」。這些長處也是普遍的生物遺傳特質，皆為人類「在演化過程中，為了應付攸關存活的重要任務而自然選擇的優秀能力」。㉚這些美德和性格長處包括了「創造力」、「堅持」、「自我控制」、「情緒智力」、「公民感」、「領導能力」、「希望」和「靈性」，不同程度的能力組合成每個人的人格特質，亦即其本真樣態。彼得森和塞利格曼認為，這些美德和性格長處至少具備三項特點。第一，它們必須帶給個人實現本真的感受，以及產生旺盛精力和興奮感。第二，實踐這些特質的人會得到他們想要的結果。第三，它們是心理特質，在不同時間和情境下都固定不變。正向心理學家據此大力推廣一個觀念：每個人都有他與生俱來的一組內在心理特質，它們決定「符合他個人本性、帶來活力的行為、思考或感知方式」。㉛

依照這個觀點，本真是重要特質，每個人都應該充分發展它，並且在日常生活的公共領域和私領域中展現出來。正向心理學家假設一個人越常處於本真狀態，他從周遭環境、人際關係，以及自己所做的選擇與努力中就能得到越多快樂。㉜比如，在私領域過著本真生活即意味過著心理健康的生活。由於本真是忠於自我，會帶來較多的自我接受度、更高的自尊感以及更強的自我效能感。自尊和自我效能都起著至為關鍵的作用，可用來抵禦無助脆弱和生活中的挫折。在公共領域，本真等同於自主性和獨立性。本真是自信的人都具備的特質，他們不畏做最真實的自己，不畏活出自己的風格來。活在本真狀態的人也被視為更可靠的，因為他們不裝模作樣地掩飾，行事很有「一致性」和「主動自發性」。在職場上，本真等同於高績效與成功，因為活出本真的人會選擇符合自己天性、自己能夠勝任的任務和工作。

最重要的一點，本真在經濟領域已然成為效用（utility）的同義詞，在現今消費市場上扮演舉足輕重的角色。此市場不遺餘力推廣一個前提概念：「個人是依照自身的品味和偏好來形塑自我」。這意味每個人在任何時刻做的任何決定都反映出他真正是誰，反映出他真正的想望。追求本真性的意思不是說消費者會偏愛真品勝於贗品或安排好的體驗㉝，而是指任何一次的消費活動都應該展現出這是又一個符合自我形象的選擇，因此是一個自我本真的選擇。㉞市場與快樂科學對本真的描述顯然有所重疊，差異只在於側重點不同。消費市場將本真定義為在多個選項中選擇更適合自己的產品；正向心理學家和其他研究快樂的科學家則將本真定義為發自內心想去做更合乎天性、更愉悅的事。「如果做某件事能讓你感覺良好，那麼就去做」——在商業廣告、正向心理學論文、心靈自助書籍或要價不斐的心靈教練課程裡屢屢可見這樣的話語。

將你的本真自我當成商品：把自己當成品牌來經營

本真既是最優先的社會性要求，也是重要的科學概念，被視為任何快樂的人必備的基本要素，那麼，快樂產業也有必要向顧客提供如何找到和實踐本真自我的建議。這類建議來自不同領域，形式更是各異其趣。比如正向心理學家發展出多種多樣的方法來協助人們找到自己內在的真正天賦與能力，以及一步步引導他們去發揮才能。來自學術領域的相關工具相當多，例如「個人性格長處評量問卷」（Individual Strengths Assessment, ISA）和「長處價值觀問卷」（Values in Action, VIA）。一些智慧型手機應用程式也將這類問卷納入內容，比如前面提過的 Happify。在我們看來，這些工具發揮的作用更類似於心理師與案主相互交流的心理諮商服務——本真自我並不是被「發掘」出來，而是在雙方互動中經過商酌、共同創造出的。

用來找出本真自我的這些方法就像先前提過的自我管理技巧，同樣都不處理深層的心理問題、內心創傷或負面狀態；它們為客戶提供的是一種溫和的、無痛的和快速的自我發現歷程，僅僅聚焦在正向的經驗、記憶和觀點。另一方面，正向心理學家林利（Linley）和伯恩斯（Burns）強調，「個人性格長處評量問卷所設計的問題，旨在鼓勵人們談論他們的美好經驗、最愉悅的體驗、最棒的成就、內在的自己，以及通常在什麼時候處於最佳狀態」[35]，這是因為如果讓客戶聚焦在負向事物，他們可能會陷入鑽牛角尖，最後放棄這種探索自我的嘗試。採用「個人性格長處評量」這類方法的客戶只需進行幾次諮商，就能夠將這個自我發現歷程加以內化，接著靠自己繼續進行探索，進而將這種溫和的自我反思培養成一種習慣——「協助你的客戶習慣去做他們想專注做的事，讓那樣的習慣自然而然成

為他們生活裡的關注焦點」。㊱

至於心靈教練、自助成長書籍、就業顧問或主流的管理學領域，它們提供的尋找本真建議，通常更著重在教導個人如何將他們天賦才能的象徵性價值，轉為可觀的情緒資產和經濟資產。這意味著，雖然這些個人成長專家採用了正向心理學家發展出的方法與工具，但是他們是將本真定位成一種「個人品牌化」的有效方式。從這個概念衍生出各種書籍、雜誌、網站和訓練課程，此趨勢在近幾年更加明顯。萊爾（Lair）、蘇利文（Sullivan）和錢尼（Cheney）曾對此現象的歷史演變過程和社會性後果進行全面分析批判。他們認為，把個人當成品牌經營應該僅被視為一種必要策略，它有利於個人在動盪的經濟環境和職場競爭中闖出自己的路。再者，應該把「個人品牌化」視為組織責任往個人責任轉化的「責任化」（responsibilization）過程的一項顯著徵候。它是一個有用的概念，足可為如今走向「高度個人化」的職場趨勢提供正當性支撐，也強烈呼應了新自由主義意識形態的獨力奮鬥成功迷思。㊲

「個人品牌化」是本真被商品化——意即把「自我」變成商品——的一個絕佳例子。它被定義為一種投資自己以提高成功機會、生活滿意度和就業力（employability）的技術。它將本真概念與產品開發和行銷的原則相結合，以達到明確的自我包裝為目的。個人品牌化即是將個人當成品牌來經營，因此必須確定此人有哪些與眾不同的、真實的、無可取代的特質，確定他有哪些特殊長處和美德可以帶給他人利益，確定他有哪些個人價值可為他人帶來啟發（諸如自我提升、志向抱負、恆毅力、社交能力、創造力等等），以及他能採取哪些策略來做到有效的自我銷售，從而提升職場成功或經商成功的機會。確立了自身特質之後，個人也必須學習自我表達和說服的藝術，掌握這些社交技巧才能對別人發揮影響力並有效管理人際關係。在許多商業雜誌、網站與虛擬平台上，已經有多不勝數的教練和顧問刊登廣告推廣他們的「打造個人品牌」服務。他們宣稱能協助發掘個人的真實天賦才能，並輔以精準有效的行銷策略來建立最有競爭力的個人品牌——尤其是在社交媒體上的自我行銷。

本真 2.0 版

唐娜．弗雷塔斯（Donna Freitas）在《快樂效應：社交媒體如何使得一整個世代不惜任何代價都要展現完美》（*The Happiness Effect: How Social Media Is Driving a Generation to Appear Perfect at Any Cost*）一書中，深入分析了現今鋪天蓋地的快樂論述對社交媒體網絡的影響，尤其是對年輕世代的影響。其中一個課題是青少年已將一個概念內化於心底：不惜任何代價都要看起來快樂。她指出這個概念已經跨越文化、社會和種族界線，深入全球新一代年輕人的腦海。

我拜訪的學院和大學從所在地理位置、學生種族結構、學生家庭社會經濟背景、學生宗教信仰乃至學校聲望高低都迥然不同。然而所有學校的學生最迫切關注的社交媒體課題，不約而同都是：必須讓自己**看起來**快樂。事實上，光是看起來快樂還不夠，許多受訪的學生告訴我，得要看起來幸福洋溢、散發光采，甚至要能夠鼓舞人心。我在美國一所頂尖私立大學裡聽到這種說法，也在另一所籍籍無名的大學裡聽到同樣的話。所有學生不分種族、文化、宗教、社經地位都將此事視為頭等要務……學生已習得任何悲傷或脆弱的徵候通常會遭來他人的沉默以對或拒斥，甚至是霸凌這種最糟情況。即使你已經嚴重憂鬱和深陷孤獨，還是得在社交媒體上讓自己看起來快樂（已然是一種義務）。這件事是如此至關緊要，幾乎所有訪談對象都曾在某一刻對我說起。一些學生甚至只繞著這個話題打轉。㊳

近十年前，作家芭芭拉・艾倫瑞克已經探討過這股快樂至上的風氣。㊴如今的社交媒體似乎更為此概念的傳播普及起著推波助瀾的作用——特別是針對所謂的「數位原生世代」（digital natives）族群。篩選、塑造出一個真實的自己（僅能是正向的自己），透過社交媒體傳播出這個形象，成了整個年輕世代都必須滿足的社會性要求。事實上，一個人若是無法正確地展現正向自我，若是讓任何的負面思維、挫折、失敗乃至政治味滲入自我形象，就會遭到其他人公開地貼上標籤和處罰；這足以對青少年的自我價值感和社會適能（social fitness）構成威脅。弗雷塔斯所做的訪談研究顯示，年輕世代對「看起來快樂」這件事在乎到「幾乎病態的地步」。㊵她後來以八百八十四名學生為樣本進行調查研究，其中七三%的人同意這句陳述的情況：「我在實名帳號上發表任何內容時，總是努力要看起來正向快樂」。此外，弗雷塔斯指出，新生代年輕人之所以深信只呈現真實和正向的自我有其必要性，是因為自我形象已被視為一個「品牌」，可加以包裝、行銷和經營。在她的調查中，七九%的人同意這句陳述的情況：「我知道我的名字就是一個品牌，我必須謹慎地培育它。」一位受訪者表示：「我認為社交媒體是很好的行銷工具。可以透過它來行銷自己……我會試著呈現正向陽光的樣子。」㊶

這個概念更是在「YouTuber」風潮中展露無遺。也被稱為「影音部落客」（vlogger）的

「Youtuloer」們，其中最成功、人氣最高的那些人已經成為經營自己的出色榜樣，他們透過辨明、定義和塑造自己的身分與才能來累積個人資本，以販售自己的形象和技能來坐收數百萬元收益。無論這些影音部落客透過在自己房間裡錄製的低成本影片談論的是什麼主題——自己的日常生活、如何使用一支唇膏或是玩一款電玩遊戲的心得——他們販售的是他們的個人品牌。他們販售自己的身分、聲音和人格特質。整個影音部落客產業的邏輯正是以展露自己的生活來吸引觀眾觀看，從而賺取豐厚的廣告收入。他們的日常生活成為一種商品，而培養一個真實、獨一無二和啟發人心的自我形象，有助於確立個人品牌的獨特賣點。正向心理治療文化如今也跨入 YouTuber 產業。「心理療癒」主題已蔚為風潮，相關的 YouTuber 每日可能吸引成上萬名新訂閱者。有越來越多影音部落客憑著克服自身苦惱、毛病障礙的經驗談而走紅，他們展現一種榜樣作用：即使身為普通人也能在逆境面前正向樂觀，活出本真的自己。

然而很有意思的是，就連「不做本真自己」這個概念也可以成為「本真」商品的一部分，創造出可觀盈利。PewDiePie 這位部落客就是一例。PewDiePie 是二十九歲瑞典演員暨電玩遊戲玩家費利克斯・卡爾伯格（Felix Kjellberg）在 YouTube 網站上的化名。他的頻道有超過五千萬人訂閱，影片總觀看數達九十億次，帶來高達一千五百萬美元的年收入。他現今還開辦自己的製片公司。PewDiePie 最廣為人知的名言之一正是：「別當你自己。當一片比薩吧。人人都愛披薩」，可說狠狠嘲諷了追求本真的主流價值。這句話不僅風靡一時，還啟發他集結自己發表過的有趣、激勵人心言論，編撰為《這本書愛你》（*This Book Loves You*）。該書打著「插圖精美的人生勵志語錄」為賣點，一出版即登上暢銷書榜。PewDiePie 所販售的，毋庸置疑是他的個人品牌，意即他真實、獨特的性格和世界觀。還有一點是肯定的：本真可以促進銷售——哪怕一個人要活出本真自我、要確立個人品牌的方式是嘲諷本真性。

不過，包括塞利格曼在內的一些正向心理學專家都認為，本真固然是快樂的人必備的關鍵要素，但最具代表性的要素實屬「圓滿」及「發展自我」。我們接著要分析「圓滿」這個概念。

邁向圓滿！

二〇〇五年，塞利格曼迎來另一個「天啟閃現」時刻。這次不在他家花園裡，而是在正向心理學運動的大本營賓州大學應用正向心理學碩士班的課堂上。塞利格曼自述，他正在和一名聰穎的學生交談時，突然間福至心靈，領悟到他在二〇〇二年那本《真實的快樂》裡提出的快樂理論，並未強調出一個關鍵要素的重要性，即個人的「圓滿」狀態（「心盛」狀態）。二〇〇三年，他為正向心理學家科瑞・凱耶斯（Corey Keyes）和強納森・海特（Jonathan Haidt）合編、美國心理學會出版的《圓滿：正向心理學與幸福生活》（*Flourishing: Positive Psychology and the Life Well-Lived*）㊷一書寫序時，已意識到此概念值得深入探究（該書為市面上第一本關於圓滿心盛狀態的專著）。塞利格曼認為，圓滿概念之所以至關重要，在於它最能夠捕捉到個人快樂和成功之間的緊密關聯性。㊸依他之見，在人生中獲得一些成功的確可能帶來喜悅和滿足，但唯有發揮個人真實才能、給人成長充實感的成功才能帶來真正的快樂。塞利格曼表示，不納入圓滿這一要素的話，人們很容易將快樂與享樂混淆了。㊹

因此，圓滿的概念有助於正向心理學家將他們的專業領域和快樂經濟學家區分開來，因為後者通常更偏向以功利與享樂的觀點來探討快樂。再者，快樂是不證自明的好這種定義，經常被批評是一種套套邏輯或意識形態，導入圓滿概念可望克服此缺陷。儘管快樂經濟學家始終認為不需要任何外在理由來解釋追求快樂為什麼是普世性的、最正當合理的目標（萊亞德就一再重申此觀點），但塞利格曼在第二次的「天啟」中找到正向心理學能夠提供的解釋：因為追求快樂有助於一個人成長、完全發揮自身潛能和達到巔峰表現。這個論點也可說明為什麼有些人會活得比其他人更健康、更成功。㊺儘管以尋求自我成長來解釋快樂為什麼是不證自明的好，這個理由也跟尋求樂趣一樣流於意識形態和套套邏輯。

總之，塞利格曼此後將生命圓滿視為快樂的最基本要素：「我如今認為測量幸福感的黃金標準是圓滿，正向心理學的目標是增進生命的圓滿。」㊻正向心理學家追隨塞利格曼的腳步，紛紛開始提倡圓滿概念。而後許多科學研究似乎也證明了一些人之所以會活得比其他人好，最可能的理由是圓滿——跟那些生命萎頓、疲乏的人相較，持續處於生命圓滿綻放狀態的人其身心更健康，生產力更高，享有更好的婚姻和友誼品質，能夠更快地克服逆境，有憂鬱症癥候的比例較低。㊼箇中理由在於，人們並不是因為更有成就才更快樂，他們活得成功、更快樂是因為他們處於圓滿綻放狀態。一個人圓滿的程度越高，表現會越好，自我感覺也越好。因此圓滿概念也可以用來解釋為什麼有些社會比其他社會更進步、發展得更好。塞利格曼以全球最快樂國家排名為例子，指出丹麥之所以是世界上最快樂的國家，是因為該國三三％的國民體驗過自我實現帶來的快樂，而俄羅斯會敬陪末座，是因為只有六％的俄羅斯人體驗過這樣的滿足。㊽換言之，任何一個社會的公民只要積極發揮潛能、活出圓滿狀態，該社會也會欣欣向榮，並不是先有社會成長才有個人的充分發展。

這套論述的關鍵點其實在於「不斷邁向圓滿」的概念。個人追求自我實現之所以能讓他自己與社會都獲益，根本上在於這是一個「永遠在進行中」的工作。使自己臻於圓滿是一個永遠不會終止的過程：有一個遙遙在望的終點，但永遠不會進入最後階段。正是由於這一點，圓滿才成為快樂的人必備的核心要素（甚而是最核心要素）。圓滿不僅涵蓋其他要素的概念範疇——例如自我管理（情緒和想法）和本真（展現自身長處和美德），它也賦予快樂一個最佳的定義：快樂是透過不斷提升自我方能達到的狀態。我們接下來要談這個概念如何與先進資本主義社會的兩個特性搭配得天衣無縫：一是永遠無法滿足，二是必須不斷自我提升。

「快樂疑病症」：持續自我改造、追求自我完善的人

一如本章一開始曾提到的，快樂論述裡的「自我」立基於兩種相互矛盾的概念，它們就像一枚硬幣的兩個面。第一，人必須努力展現和發展潛能以實現理想中的自我；第二，自我永無完善，或說始終處於「尚未自我實現」的狀態。人始終有不足之處，缺少的可能是更有效率的自我管理技巧、對自我更準確的認識，或是發現更多生活意義、給予更多允

諾、擁有更強的心理韌性和更常抱持正向態度等等。這意味人得要持續自我精進、自我改造，但永遠不會有克竟全功的一日，因為理想中的自我始終可以更完善、更美好。

這就產生了一大矛盾：快樂的首要目的是達到更高程度的自我成長和自我實現，但自我永遠都有「未臻完善」的地方，永遠不會達到完整的實現。在圓滿概念的論述裡，永遠「尚有欠缺」正是一大關鍵，人因此持續有動機去發揮潛能和自我提升；簡言之，正因為人都是不完整、不完美的，圓滿概念才得以發揮其作用。無論一個人的人生多麼成功，仍然必須持續鍛造快樂的自我，因此每個人都需要專家協助和建議來不斷讓自己變得更好。

就如先前提過的，這個矛盾也說明了快樂何以會成為消費市場求之不得的理想商品——新自由主義社會對自我提升的無止境追求，與市場經濟不斷鼓勵消費的原則正是天作之合。㊾不令人意外地，訴求自我成長和邁向圓滿的服務與商品在快樂產業中逐漸佔據市場大宗，完善自己的「不足」成為行銷賣點。從美容、流行、瘦身、營養、性、婚姻、友誼、事業到職場人際關係的相關產品與建議，從掌控自我、提升自信、當眾演說、壓力管理、怒氣管理、身心放鬆、心理韌性、認知彈性到情緒管理等等，琳瑯滿目的技巧和自我評估方法，都隱含「人有所不足」這個概念：沒有任何人是足夠迷人的、足夠愛運動的、足夠嚮往親密的、足夠自信的、足夠敬業的、足夠健康的、足夠優秀的或足夠快樂的。總是有新的飲食法要奉行，有壞習慣要戒除，有更健康的習慣要養成，有另一種療法要嘗試，有缺點要改正，有目標要完成，有體驗要經歷，有需求要滿足，或是有時間要善加利用。就如卡爾．賽德斯多羅姆和安德烈．史派瑟所指出的：

> 為什麼自我成長商品這塊市場大餅逐年穩定成長，唯一合理的解釋是，無論人們先前嘗試過的方法是否見效，他們總是想嘗試更多的新建議……在消費社會裡，我們不會僅買一條牛仔褲就感到滿足。自我成長也是一樣的道理。不是僅僅改進生活裡的一個面向就足夠。我們被鼓勵要同時提升生活各個面向。我們應該變得更苗條、更快樂、更健康、更有錢、更聰明、更平靜、更有生產力——從今天就開始兼顧每一面。我們必須時時證明自己懂得怎麼過完美的生活。㊿

我們大致同意賽德斯多羅姆和史派瑟的論點，但我們認為，市場試圖向消費者灌輸的與其說是自我完善的概念，不如說是促使他們將關注自我成長視為常態行為。快樂產業只要一直催生出一群又一群的「快樂疑病症患者」[51]，就能維持蓬勃發展；只要說服消費者相信：要過好正常的生活，達到各方面機能都運作良好的狀態，最有效的方式是把注意力放在內在自我、不斷審視自己和改正心理缺陷，以及持續致力於自我改變和自我提升。

我們會在第五章進一步探討快樂、正常、機能三者之間的關係，在此先以一個實際例子大略說明我們的觀點。

成為最好的自己

正向心理學家肯儂・謝爾登（Kennon Sheldon）和索妮亞・柳波莫斯基在二〇〇六年發展出的「想像最好的自己」（The Best Possible Self, BPS）介入法，已經成為一種相當受歡迎的練習，受到許多心靈自助書籍、心靈教練課程和 Happify 這類虛擬化平台的介紹提倡。它也被收入正向心理學家為實務業界開發的正向心理學工具包（Positive Psychology Toolkit）裡。[52]每月月費為二十四美金（二〇一八年年末價格）的該套工具，匯集了各種腳本（scripts）、練習、活動、介入法、建議和「行動卡」（詳細列出在日常生活中培養正向習慣的方法），可供專家、實務工作者運用於客戶服務上。「想像最好的自己」為一系列的練習活動，鼓勵每個人每次花十五分鐘想像未來自己的最佳狀態。「想像最好的自己，就是思考自己未來最佳可能的狀態……想像自己已經實現人生夢想和發揮自我最大潛能」。[53]謝爾登和柳波莫斯基指出「想像最好的自己」介入法有助於提高個案的快樂程度，因為它讓人有機會「了解自己、得到頓悟、重新排序生活的優先事項，以及對自己的動機和情緒有更好的洞察」。⑭想像最佳的可能自我不僅有助於個人採取目標導向心態、對未來抱持具體的想望，也能夠覺察到自身目前的不足欠缺，從而根據自己想要達成的理想形象去做出改變。不過，應該避免回想過去的自我，以免陷入負面自我評價和嚴厲的自我批判當中。兩位學者的實驗研究結果證明「想像最好的自己」是一種「有效的介入法」，可「增加及維持正向情緒」。⑮柳波莫斯基也提到一位女性受試者莫莉私下與她分享的心得。莫莉興奮地表示，這個練習讓她「認知到」自己「可以再多做一點」來達成目標，「只要再努力一點」堅持下去，她將可以「過著最佳的美好生活」。柳波莫斯基寫道：

> 莫莉的例子證明了「想像最好的自己」策略帶來的幾個益處。她更清楚了解自己的目標和需要，體認到什麼事才能讓自己快樂，變得更有自信去達成她心中的想望。她今後會更努力實現夢想，我期望她會變得更快樂。⑯

「想像最好的自己」這個練習有幾點值得討論的地方。第一，它就跟許多類似的正向心理學練習一樣，做起來非常簡單。正向心理學家強調圓滿狀態和自我改善的重要性，但他們提供的方法都簡單得出奇，甚至有點幼稚，這兩者之間的反差大得驚人。每天花十五分鐘寫出自己的想像就能為生活帶來顯著改變，這可能嗎？這些練習並非嚴謹的科學技巧，實際上就像是把普通常理（例如，任何人在思考自己的目標時，一定會思考達成它們的最佳方式）轉化成鄭重其事的儀式。當然，簡單易於施行是這些自我改善練習可以成為理想商品的一大關鍵，消費者只需付出一點努力就能立即改善心理和情緒（供應商也毋須付出太多成本）。這個練習與許多類似技巧可被視為一種集各家大成但簡單化的「自我技藝」（technologies of the self）。⑰然而，融合新時代（New Age）運動觀念、談話治療法、斯多葛主義以及人文主義思想而生的這類商品，所帶來的無非是一種「展演」的敘事，當事人所做的不過是一邊述說一邊重新組織自己的經歷。

「想像最好的自我」這類方法簡單到讓人懷疑它們是否真有效果，又是何以能奏效。面對不絕的質疑聲浪，正向心理學家力主這些技巧方法的有效性皆已驗證過。蒙格蘭（Mongrain）和安塞爾莫─馬修（Anselmo-Matthews）針對兩個標誌性的正向心理學練習進行了實驗研究。為了「評估正向心理學練習除了正向的自我再現（self-representation）功能以外，是否有任何『特別』之處」⑱，他們將實驗對象分為實驗組（做正向心理學練習）、控制組（做早期回憶練習）和「正向安慰劑」組（做正向回憶練習）。實驗結果發現，實驗組和安慰劑組的效果並沒有顯著差異。他們對此做出的解釋是：如果一些正向心理學練習確實奏效，主要是因為進行這類練習的人通常已經熟悉它們背後的邏輯。這些人也有更強的動機、更高的興趣要變得更快樂。因此，兩位研究者認為這些正向心理學練習並不是對所有人都有效；能從中得到效果的，主要是那些已經相信這些活動的「快樂追尋者」。

另一個可能的解釋是這類練習具有很大的誘導性。由於這些練習以「人永遠能夠成長為更好的樣子」為出發點，任何要進行這類練習的人無論他先前想法如何，終究得信服這個假設的真實性。謝爾登和柳波莫斯基在設計「想像最好的自己」指引時其實已帶有強烈偏向，人們會受到誘導，認為自己還未充分發展到最佳狀態（一如正向心理學家們所假設的），因此只要遵照練習，想像或寫下更好的自己是什麼樣子，就已經能夠產生強大的正向效益。

你現在和接下來幾週要做的是去想像一個最好的自我。想像最好的自己，就是思考自己未來最佳可能的狀態……。你賣力工作，已經成功達成所有人生目標。想像自己已經實現人生夢想和發揮自我最大潛能。無論面對任何狀況，你都想像它會以最好的方式發展，從現在起，這將幫助你能夠更好地做出每一個決定。你可能從來不曾以這種方式思考過你自己，但是科學研究已證實這個練習可以對你的心情和生活滿意度帶來強烈的正向影響。因此，我們希望你在接下來數個星期繼續這麼思考。你等一下會第一次寫下你想像中的最好自己，請你接下來每一天都這麼做。59

然而這類假設和信念也可能帶來反效果。就如我們在另本著作裡做過的分析60，圓滿概念就是一個好例子，可以用來說明快樂如何產生其附帶的痛苦。持續追求自我成長，認定唯有達到圓滿狀態才是健康、正常、機能運作良好的自我，實際上會不斷造就各種各樣不健康、不正常、功能失調的自我。61自我成長就有如地平線彼端的海市蜃樓，永遠在移動，永遠沒有明確終點在望。同樣地，將自我提升視為絕對要務只會適得其反。它終究會成為一種沉重負擔，因為人們得時時解讀和評估自己所做、所想、所感覺的每一件事是否值得，是否有助於實現圓滿自我。因此，就像追求快樂不會是痛苦的解藥，尚未自我實現的另一頭也不會是圓滿，這是因為快樂與痛苦，自我成長與永遠不足，都是一體兩面，只要提倡其一，其二勢必相隨。

基於此一觀點，將追求快樂當成生活方式，未必能帶來正向心理學家拍胸脯保證、許多人也期望得到的正向影響。相反地，持續追求自我成長和自我完善，很容易就讓人陷入執著，最後感到筋疲力盡和沮喪。迄今為止，已有多少個世代的人被教導只要培養真實自我就能解決問題，但又有多少人努力尋找卻徒勞無果呢？

第 5 章
快樂是新的常態

Happy is the new normal

不把注意力放在惡的事物上，只活在良善的光輝中，這樣的方法有效運作時自是成果可期……但任何憂鬱情緒都會讓它立即失靈；儘管人可以不陷入憂鬱，但健全心態（healthy-mindedness）肯定不適宜作為哲學的教條，因為這類人樂觀地不予理會的惡是現實中的一個真實部分。惡之事實可能終究是人們發現生命意義的最佳線索，也許更是他們得以到達最深層真理的唯一途徑。

——威廉·詹姆斯（William James），《宗教經驗之種種》（*The Varieties of Religious Experience*）

「我不明白。」詹米躺在地板上做他每日固定的背部與膝蓋訓練。「妳已經很快樂了，不是嗎？如果妳真的不快樂，那還說得通，但是妳很快樂。」他停頓了一下，「妳沒有不快樂吧？」

「我很快樂。」我向他保證。又說道（很高興有機會展現我所學到的新知識）：「根據二〇〇六年的一項調查研究，八四％的美國人認為自己『很快樂』或『非常快樂』。另一個針對四十五個國家的調查，人們為自己的快樂程度打分數時，十分量表的平均分數是七分，一百分量表是七十五分。我剛做完「真正的快樂問卷」〔Authentic Happiness Inventory Questionnaire〕五分量表，我為自己打的分數是三．九二分。」

「妳既然很快樂，為什麼還需要一個快樂生活計畫呢？」

「對，我很快樂，但是我應該可以更快樂。我有這麼美好的生活，我希望更用心欣賞和體會生活。」我費勁地解釋。「我太愛抱怨，太容易惱怒。我應該更感恩。如果我感覺更快樂，我會做得更好。」

「妳真的認為這有用嗎？」他指了指我列印出來的第一張決心表。

「試了就知道。」

他哼了一聲：「我想也是。」

不久後，我在一場雞尾酒會上遭遇了更多的質疑。一位舊識公開嘲笑我的快樂計畫，平常的禮貌性閒聊變得像一場博士論文答辯。

「妳的計畫是要試試自己能否變得更快樂嗎？而妳甚至沒有情緒低落的狀況？」他問道。

「對。」我撥弄著腳下地毯的精緻小豬圖案，一面把玩手中的紅酒杯、餐巾布，想讓自己看起來聰明一點。

「我無意冒犯，但是這有什麼意義呢？我不覺得研究一個普通人能變得多快樂會是有意思的事。」

我不確定該怎麼回答……「我會盡我所能」，我答道，接著就去找別人搭話了。這個人雖然潑來一盆冷水，卻沒有說中我對這個計畫的真正疑慮：花這麼多精力關注自己的快樂是否太過以自我為中心了？

我對這個問題想了很多。最後，我採納古代哲學家和當代科學家的觀點：努力讓自己更快樂是一個值得追求的目標。①

上面這段引文摘自葛瑞琴．魯賓（Gretchen Rubin）的《過得還不錯的一年：我的快樂生活提案》（*The Happiness Project: Or, Why I Spent a Year Trying to Sing in the Morning, Clean My Closets, Fight Right, Read Aristotle, and Generally Have More Fun*）。該書在二〇〇九年出版後雄踞《紐約時報》暢銷書排行榜長達九十九週，甚至幾度登上榜首。該段文字裡，魯賓先重現她與丈夫詹米的對話，接著是她在一場派對上與某位熟人的對話，他們兩人都不理解她既然已經很快樂，為什麼還想變得更快樂。

本書前面已經探討過的幾個快樂科學核心假設，在魯賓的回答裡彰顯無遺；包括：快樂被描述為一種可用科學方式測量的狀態；快樂是一種自我中心、獨力完成、個人主義的追求；尋求快樂是持續進行、永不結束的計畫；快樂是人生最值得追求的目標；簡言之，我們應該用快樂來衡量自己的人生價值、成功與失敗的大小、個人成長與情緒發展的程度。該段引文也顯示，無論是科學性的或流行的快樂論述都圍繞著相同的前提假設。魯賓不僅以她自稱通曉的科學知識來證明「快樂計畫」的合理性；她顯然也完全照著快樂科學家的劇本走。下面這一段文字引自正向心理學家索妮亞．柳波莫斯基的書（魯賓也引用了她的文字），卻完全可作為魯賓那個段落的結語：

我們所有人都想要快樂——即使有人不曾坦然承認，或是試圖以不同說法來掩飾這個渴望。無論我們的夢想是在職場上成功、得到心靈滿足、找到連繫感、發現人生意義或是愛情、性愛兩得意，我們之所以會嚮往那些事物，歸根結柢是因為我們相信它們會帶來更多快樂。然而，僅有極少數人真正明白人人都可以大幅增進快樂，僅有極少數人明確知道可行的做法。我希望本書可以激發你往後退一步，重新檢視自己根深柢固的假設，重新思考活得更快樂的可能性。我希望你可以理解到，讓自己更快樂是可以實現的，那是你有能力做到的事，那是你能為自己和周遭的人所做的最重要的、最有意義的一件事。②

魯賓那段文字清楚提到科學性和流行的快樂論述所隱含的幾個共同前提假設，它們是本章將要討論的重點。首先值得注意的是，魯賓將快樂等同於善。魯賓解釋自己為什麼要進行快樂計畫時，不單單談及心理面向因素：追求更高層次的自我發展，也提到道德上的理由：更快樂的人是更好的人。比方，她說：「我有這麼美好的生活，我希望更用心欣賞和體會生活……我太愛抱怨，太容易惱怒。我應該更感恩。如果我感覺更快樂，我會做得更好。」不獨是魯賓將快樂等同於善，它已經是當代人快樂概念裡一個廣為流傳的假設。哲學家阿蘭卡・祖潘契（Alenka Zupančič）認為，「快樂的人是善良的人」正是一個普及但扭曲的道德論述的特有準則：「隨時感到美好（感到快樂）的人是善良的人；感到糟糕的人是不好的人。」祖潘契一針見血地指出：「將當下的心情與感覺馬上連結到道德價值是當代快樂意識形態語藝（ideological rhetoric）的一大特色。」③

最有意思的是，魯賓書寫的內容顯示出快樂意識形態已經徹底滲透到人們的日常生活之中。因此，她的書不僅僅是市面上多如繁星的心靈自助書籍的又一例，以懺悔式自白教導人們應該如何重新組織日常生活，走上追求快樂的道路，她的書更應該被視為一個集體徵候，顯現心理學原本的「功能—失調」、「健康—不健康」、「正向—負向」、「好—壞」和「正常—不正常」連續體（continuum）已經被「快樂—不快樂」取而代之。我們接下來要討論的就是這種已然成形的今日時代精神：不快樂被視為功能失調，而快樂成為界定健康、正常和功能健全生活的一個心理標準。可以說，功能論已經逐漸被快樂論鳩佔鵲巢。如今，快樂已經成為新的常態，正向心理學家、快樂經濟學家、快樂專家、實務工作者及人氣作家合力塑造了「快樂等於正常」的觀念，齊心建構其正當性，也共同促進這個主張的廣泛傳播。

重新檢視「普通人」的定義

正向心理學擺脫過去心理學的「缺陷」模式，轉而以正向角度研究心理健康和人類潛能，致力於擴展心理學的涵蓋範圍。但這門學科所做的不僅是提出新概念，再以科學研究進行驗證。塞利格曼於二〇〇〇年倡導正向心理學時，其實懷抱更宏大的雄心。正向心理學的目標是以快樂為基礎來建立正向人格理論，進而挑戰傳統理論的功能與失調概念。新的人格理論可望重新定義情緒適能（emotional fitness）和社交適能（social fitness）的標準，確立哪些表現、行動和感受是符合期望的。如同正向心理學家謝爾登和金（King）在二〇〇一年發表的論文《為什麼正向心理學有存在的必要》裡所承認的，這門新興的快樂科學透過質問「完全發揮功能的人具有哪些特性」來「重新檢視普通人的定義」。④這樣的問題表明，應該以更高的標準來評定一個人的心理和社會適應能力是否「良好」。

類似的倡議起碼早在一九五〇年代就由社會心理學家瑪麗・賈霍達（Marie Jahoda）提出過。她主張不宜說社會是病態的，因為心理健康完全是個人的事，或者更確切地說，是個人心靈的事。⑤正向心理學家不遺餘力擴充此觀點。他們主張人們不應該以做得好和感覺好為滿足，而是應該問自己如何才能夠做得更好、感到更好、感到更健康，否則他們將會落得生命枯萎而不是盛開。做得不夠好、感覺不夠好就和做不好、感覺不好一樣被視為不足（insufficient）和功能失調（dysfunctional）。大量的期刊文章和專書宣揚起一種論調：沒有憂鬱並不等於幸福，沒有病痛並不等於健康，好與壞、正向與負向達到平衡狀態並不等於正常。相反地，要達到真正平衡與健全運作的心理狀態，必須提高正向認知，減少負向認知，增加更多正向情緒。

正向心理學家顯然認為正向情緒與身心功能的健全運作密不可分，兩者相輔相成。他們將正向和負向情緒明確區分開來——此條分界線更擴及到思考、態度、習慣和個人長處。正向心理學家主張，正向性和負向性是兩種獨立的心理實體，它們發揮對立相反的作用，在生活中帶來截然不同的結果，前者促使個體發展正常行為，後者引發異常的行為表現。因此，擁有正向情緒的人是更好的公民、有生產力的工作者、深情的伴侶，他們富有心理韌性、身心健康且活得圓滿，而諸如嫉妒、仇恨、焦慮、憤怒、悲傷、無聊和懷舊等情緒會導致人無法順利培養強健心靈、建立健康習慣、發展長期穩固的人際關係以及確立自己的身分認同。依照這個觀點，個體要維持功能健全，靠的不是達成心理和情緒平衡，而是要讓正向狀態高過負向狀態。正向心理學家指出，為什麼有些人的心理、社會適應性優於其他人，最主要原因在於他們感受到更多的正向情緒經驗。這樣的人能夠更穩當地因應不確定性，做事更有彈性、會變通，身體與心理健康較少出問題，能夠更有效率地提升個人能力，更懂得把握機會將它們轉化為自己的資本，活得更長壽，擁有更高品質的人際關係等等。⑥

正向心理學家以正向性為基準，成功確立一套全新的「情緒等級制度」⑦，此後可憑情緒種類來為個人心理和社會狀態分門別類。如果說「傳統」臨床心理學建立的是一套區別心理健康與心理疾病的等級制度，那麼正向心理學家的這套新標準則是區分了完全心理健康狀態和不完全心理健康狀態。依此新基準，幾乎沒有心理疾病症狀卻較常經驗到負向情緒的人屬於不完全心理健康狀態。只有那些展現很多正向情緒也幾無心理疾病癥候的人才是屬於完全心理健康狀態。換言之，正向心理學家將健康狀態分為負向與正向兩種。諸如懷抱樂觀、希望、自尊和幸福感的人屬於完全心理健康類型，而悲觀、缺乏安全感、對人生不滿的人被劃歸為不完全心理健康類型。正向心理學家從而肩負起一個使命：找出身心運作良好的人具有哪些心理特質，並以此為基礎發展出適合的正向技巧來幫助人們超越他們與生俱來的「快樂基線」，達到完整的心理健康狀態。

正向心理學運動興起後，旋即引發一些批評。例如，芭芭拉・海爾德認為正向心理學的研究取徑所採取的是一種兩極化的假設：「正向是好的，是對你有好處的，負向是壞的，是對你有壞處的」。⑧在正向心理學家的眼中，只有那些有助增進個人快樂的行為才具備功能性和適應性；而任何無助於提升快樂甚至會減少快樂的情緒、想法和態度都被視為是不適應的、不健康的。塞利格曼在二〇〇二年已經指出，正向心理學研究證明正向的情緒與認知狀態可有效促進功能性和適應性行為，而負向的情緒與認知狀態「大多會導致不適應的行為」，這說明了為什麼「悲觀者會遭遇很多失敗」。⑨塞利格曼強調：跟負向相反，正向是對每個人有益的，即使保持正向意味著「沒有那麼向現實靠攏」。⑩一些正向心理學家則意識到，以區辨正向和負向情緒的本質與功能來作為學科基礎是走上歧途。他們認為「假定任何正向的都是好的，這絕對是一大錯誤」⑪，也表達憂心：「以正向情緒來定義好的生活，這一觀點的最大隱患在於，任何負向情緒可能被視作問題。」⑫然而，隨著正向心理學能見度增加、越加受到歡迎，以及取得話語權與權威性，它的兩極化觀點也更加普及化，產生更大的影響力。

二〇〇〇年獲頒坦伯頓正向獎（Templeton Prize）的芭芭拉．費德瑞克森（Barbara Fredrickson），她所提出的正向情緒「擴展與建構理論」（broaden-and-build theory）就是此一研究取徑的好例子。⑬費德瑞克森認為正向情緒和負向情緒是截然有別的心理反應，各自起到不同的作用，帶來較充分或較不足的個人機能發揮狀態。她指出，和負向情緒產相反，正向情緒可擴展知覺與認知範圍，讓個體以更廣闊的視野看世界，接受到更多外界環境資訊，進而擴大思考和行動的廣度。正向情緒也可讓個體「產生」持久的「個人有效資源」，比如「能力（適應環境）、意義感（生命意義感）、樂觀（路徑思考）、心理韌性、自我接納、正向人際關係以及健康身體」，從而建構出「人們面對生命旅程各種狀況時可動用的儲備」。⑭從費德瑞克森的觀點，充分發揮正向情緒「擴展與建構功能」的人是「圓滿的人」，意即「心理完全健康」、「整體機能處於最佳運作狀態」的人。⑮因此，這個理論的核心要點在於，快樂的人「不只是感覺良好，做事做得好」，而是「由於感覺良好因此才能把事情做得好」。⑯

費德瑞克森還進一步假設正向和負向情緒在本質上就是相反的，負向情緒有助於個體求生存，而正向情緒有助於個體發展，因此在演化過程中被保留下來。⑰她主張正向情緒與負向情緒在演化適應、生理、心理和社會層面上的功能是不相容的、不對稱的。根據她所提出的「抵銷假設」（undoing hypothesis），「正向情緒與負向情緒是不相容的」。⑱正向情緒顯然可「緩衝」和「有效紓解正在持續的負向情緒狀態」。⑲儘管她指出這個抵銷效應的「確切運作機制仍不明」，但毋庸置疑的是，正向情緒能幫助個體減輕和抵銷負向情緒對於生理、心理和社交層面的有害影響——諸如罹患心血管疾病或憂鬱症的風險提高，或是應對能力、社會情緒技巧變差。⑳具備心理韌性的人即是「善用正向情緒抵銷作用」的代表性例子。這類人也證明了正向情緒可以增進適應行為——因為正向情緒有助於「發展建構個人心理韌性，而不僅僅是將韌性特質反映出來」。㉑

至於正向情緒與負向情緒之間的不對稱性，費德瑞克森表示，「同樣的強度下，負向情緒會壓倒正向情緒，同樣的頻率下，正向情緒會壓倒負向情緒」。㉒這意味如果要讓正向情緒產生擴展、建構和抵銷作用，正向與負向情緒的比例至少應該達到二·九比一。㉓

她舉例說明：「婚姻成功的夫妻，他們的正向與負向情緒比約為五比一，而婚姻關係走向瓦解的夫妻，他們的正向與負向情緒比為一比一。」㉔依她的說法，這是由於正向情緒多過負向情緒時會觸發「向上螺旋」效應，抵銷負向情緒的「向下螺旋」壓力，並且增加個人的有利資源，「包括認知資源（例如正念特質），心理資源（例如適應環境能力），社交資源（例如正向人際關係），以及生理資源（例如減緩疾病症狀）」。㉕雖然費德瑞克森也明確指出，過多的正向情緒——例如她和羅沙達（Losada）認為比例達到十一比一㉖時——可能會有害，但是正向心理學家大多認為即使快樂和正向狀態的程度很高，並不會造成任何功能的失調。㉗

費德瑞克森和羅沙達提出的「正向性比例」理論，據前者所言為「心理學領域的巨大發現」㉘，的確引發極大的迴響和廣泛認可。但在二〇一三年，布朗（Brown）、索卡爾（Sokal）和佛瑞德曼（Friedman）發表的論文對其可信度提出尖銳批評，使得盛行一時的該理論開始式微。布朗三人徹底檢視此一比例理論的基礎理論和研究方法，特別是運用微分方程式來驗證比率的部分。費德瑞克森主張這些方程式提供可靠的運算數據來界定「正向情緒可達到最大影響力的臨界值」㉙，布朗三人則以令人信服的論點說明以費德瑞克森和羅沙達的方法進行運算，根本無法得出「關鍵的正向性比例至少要達到二．九〇一三」的結果。㉚布朗三人表示「很訝異」不曾有人質疑過這個正向性比例概念背後的邏輯：

費德瑞克森和羅沙達（二〇〇五年發表的論文）在實驗室裡對多個企業團隊進行每場一小時的觀察，將各團隊八個成員之間互動溝通的話語記錄下來，然後結合著名的羅倫茲（Lorenz）微分方程式對那些談話進行正負向比例分析。他們宣稱就此發現了人類情感的真理，它適用於個人、夫妻和任何大小的團體，而且能夠化為一位整數和四位小數的數字……我們感到很訝異，顯然不曾有任何研究者對該主張或其論證基礎提出質疑。㉛

費德瑞克森撰文回應三人的評論時承認：「是有必要質疑羅沙達和我用來呈現與檢驗正向性比例關鍵臨界值的特定數學模型」。㉜儘管如此，她認為「沒有理由全盤否定」，指出「現在有更多實證證據可茲證明」正向性比例的理論基礎「依然可靠」。㉝依她的說法，雖然正向性比例依憑的數學模型「似乎不再是穩固根基」，但她仍然可以斷言在正向與負面情緒的比例上，前者「越高越好」，這是為了理解和發展人類整體機能最佳運作狀態的必要比例：「巔峰型的心理健康狀態（flourishing mental health）與更高的正向性比例有

關，這個主張全無可議之處」。㉞

錯誤的區分

就像不可靠的數學模式導致正向性比例的數字並不可信，正向心理學為正向情緒建立理論，區別正向與負向情緒的功能，而此種做法也會誤導人。此一區分並不像費德瑞克森所說的全無可議之處，我們在此有必要指出它的一些錯誤、不足和疏漏。首先，正向心理學提供的基本情緒模型流於簡單化約。情緒是複雜的體驗，包含各種各樣不同或不相關聯的現象，諸如感覺（總是在改變的身體和感官知覺），評估（覺察和主觀評價），表現（溝通和表達模式），歷史和文化意義（共同的內涵意義、價值觀和敘事），以及社會結構（深植於人心的腳本、規範、規則和社會行為模式）。㉟正向心理學卻對情緒採取一種自然式（naturalistic）研究取徑，視情緒為「人類固有的」㊱——比方情緒是一些固定不變、普遍共通的狀態。這樣的概念完全去社會化、去歷史化，也忽略了情緒的複雜多樣本質——一些歷史學、心理學和社會學的研究取徑就強調了情緒的繁複多元。㊲

正向心理學家未能理解到情緒既是個人屬性，亦是人的團體、社群和社會屬性的體現。這不僅是因為情緒扮演著人際功能，比如溝通、說服和認同，也因為任何情緒都具有文化和社會意涵㊳，也受到階級、性別和種族所左右。㊴個體的情緒與不斷變動的選擇和消費模式密切相關㊵，也跟社會結構——例如社會情境和社會權力關係——脫不了關係。㊶正向心理學家還忽略一個事實：情緒不僅是界定或協商議定社會關係的方式，也可以讓人在不牴觸道德秩序的情況下表達自我觀點。㊷儘管已經有諸多研究指出快樂隱含了道德價值觀㊸，但正向心理學家卻採取演化觀點和實證觀點，將諸如生命圓滿、幸福和自我實現等概念裡飽含的道德意涵加以稀釋淡化，甚至拒絕考量道德因素的影響。

其次，正向心理學家斷然將情緒區分為正向和負向，無疑是忽略了這樣一個事實：即在社會層面或心理層面上，將情緒區分為正向和負向是毫無意義的。㊹每個日常事件往往帶來矛盾的感受。一個人得知一位久病纏身的親戚去世的消息，可能感到難過又寬慰不已。一個人在商店裡順手牽羊時可能既興奮也心生罪惡感；一個人觀賞恐怖電影時可能看得既恐懼又快樂。因此，無論是將情緒視為彼此之間有清晰界線、截然互異的實體，或是將其視為一些簡單或基本感受的綜合體，都是不準確的。一如傑羅姆．凱根（Jerome Kagan）所指出的，儘管「行動者、觀察者和科學家時常必須在彼此互斥的詞彙裡（例如恐懼、傷心、快樂、內疚、驚訝或憤怒）挑出一個來用，但通常個體所經驗到的是那些抽象概念詞所指稱的狀態的總合」㊺，意即一種無以名狀的混合情緒，應當被視為連貫的、不可簡化的情緒狀態，而不僅僅是所謂基本的、單純的情緒的相互疊加。因此，可以說並沒有任何一種狀況或體驗可以被明確地界定為「快樂」，任何一種情緒狀態或體驗都是既好又壞，既正向又負向，既令人愉快又令人不快，既是功能正常也是功能失調的展現。

同理，主張正向情緒帶來正向結果，負向情緒導致負向結果，這說法實有過度簡化之嫌。比方「希望」這種情緒，既帶有強烈的期盼或信念，同時也伴隨著對目標能否實現的擔憂或恐懼。㊻喜悅驅使人投入有挑戰性的活動，但也讓人在面對困難任務較無法堅持，做出較不恰當的選擇，冒較高的風險，以及更易於表現從眾和默許行為。㊼寬恕可能讓人減輕敵意心理，但在若干情況下也可能增強敵對。舉例來說，寬恕對不常起口角的夫妻可能大有裨益，但對經常爭吵的夫妻可能是有害的。㊽像憤怒這樣的情緒可能導致毀滅性行為或侮辱他人的言行，但是也可用來挑戰權威，或在面臨不公不義、共同威脅時用以增強人際紐帶和群體團結。㊾懷舊情緒可能令人感傷並渴望回到過去，但也能夠帶來一種歸屬感，使人開始反省過去和展望未來，以及樂於建構或強化共同的身分認同。㊿嫉妒可能激起恨意和敵對，但也能夠讓人更努力、更專注地追求自己的目標，或是升起景仰之情。(51)

相對地，正向性不盡然帶來好處。例如，一個人對未來成果總是抱持樂觀期望，一旦遭遇逆境時出現憂鬱的風險可能更高。[52]經常心情愉快的人可能會有情緒疏離的傾向，在若干情境下對他人難以有關心、同理心和團結合作。例如譚（Tan）和弗加斯（Forgas）兩位學者的研究顯示，「在公開場合或實驗室裡進行『獨裁者賽局』資源分配實驗時，跟憂鬱的人相較，快樂的人自利的比例較高」。[53]另一些研究則指出，儘管正向情緒會讓人增加主觀的同理心，但往往造成客觀的同理心減少，並且使人在解釋自身和他人行為時更容易陷入刻板印象及做出錯誤判斷。[54]例如，跟處於負向心情的人相比，處於正向心情的人比較會忽略情境因素，更容易落入推論偏誤（inferential biases）。[55]

正向心理學家始終堅持正向情緒與負向情緒截然相反，正向情緒比負向情緒更有利於建構性格長處與美德，以及維持社會凝聚力。[56]但這樣的假設經不起社會學和史學研究的檢驗。斯梅爾（Smail）對中世紀晚期社會恨意和技藝的分析[57]，巴巴利特對十八世紀羞恥觀和社會秩序的探討[58]，或卡希爾（Cahill）對尷尬與信任的研究[59]，即是其中幾個例子。嫉妒、恥辱、恐懼和憤怒這些情緒，對於建構個人性格和社會凝聚力的作用就跟愛或憐憫一樣，可能是好的也可能是壞的。即使挫折、憤懣和怨恨等情緒往往被視為心智不成熟的表現，也被認定對社會關係不利甚至有害，但它們實則在日常社會生活中扮演關鍵角色，例如可以促成團體團結或集體行動。比方，社會學家霍奇查爾德（Hochschild）曾指出，美國婦女解放運動能從一九六〇年代晚期日漸發展壯大，靠的是女性共同把憤恨指向丈夫、父親、男同事和其他男人。⑥⓪人在面對壓迫、資源分配不公、資源遭剝奪，或感到不受認可，即受到社會蔑視或否定時，心中產生的恨意會驅使他採取社會行動和個人行動。⑥①因此可以說，像恨意這類情緒對於激發政治行動和反應，以及強化個人價值感和身分認同感，都發揮著重要作用。正向心理學家以正向情緒讓人更有適應能力為由，主張要把所有負向情緒轉為更有價值的正向情緒，這樣的做法不只抹除這些情緒的個人功能和社會功能，也剝奪它們本質上的政治性。

正向心理學家應該承認，沒有哪些情緒是次等的，也沒有哪些情緒注定讓人的功能更良好或功能失調。任何一種情緒都呈現個體如何建構其人生故事，如何與他人建立關係，如何因應社會環境的變化，如何處理日常生活中的困境、難題、壓力和機會。任何一種情緒也能讓人明白是哪些社會和政治動機驅使個體和團體採取行動、展開動員、緊密團結在一起以及做出改變。因此，主要難題在於完全掌握每種情緒的功能，以及每種情緒反應在不同情境下形塑、維持或動搖各種個體、社會、文化動力（dynamics）的作用——例如個人身分認同、社會身分認同、聯合行動、集體情緒，相互認可、政治抗爭、消費或國族記憶。因此，不該認定一些情緒具有天生或固有的負向特性，注定帶來機能失調或適應不良，所有的情緒都同樣重要。

一些正向心理學家聽進這些批評，近來開展了所謂「第二波正向心理學」運動，意即採取更細緻化的研究方法來探討快樂，包括以更偏向辯證式、整合式的取徑來區分正向和負向情緒。[62]無論這樣的改革意圖是否有助於正向心理學走向自省，單就自家學者會出現這類呼聲便足以證明正向、負向的劃分已經是該領域牢不可破的原則，而其他許多或通俗或專業的快樂論述亦立基於此二分法。儘管眾多針對正向情緒論述的批評都有理有據，但這樣的區分法如今已經是快樂科學領域最廣被接受的概念，它讓人盲目崇拜快樂，將情緒的功能限縮到心理學範疇，將健康、成功和自我提升與高程度的正向性劃上等號。但弔詭的是，將正向的、令人發揮良好功能的情緒與負向的、令人功能失調的情緒區分開來，這樣的做法非但沒有克服傳統心理治療對負向性的偏見，反倒造就出新的「病態化」（pathologization）分類法。情緒被分為相對的兩極，負向情緒的人被認定無法享有完全健康和功能運作良好的生活。一個人想要保有主觀的幸福感和自我價值感，就必須擺脫不願回想的記憶、負向感覺和自我批判，轉而對生活採取樂觀態度。

別擔心，保持韌性

塞利格曼在創立正向心理學以前，大部分的學術生涯都專注於研究「習得性無助」（learned helplessness）概念。一九七二年，他的論文〈習得性無助〉刊登於《醫學年評》（*Annual Review of Medicine*）；一九七五年，他以《無助：論憂鬱、發展和死亡》（*Helplessness: On Depression, Development, and Death*）一書引起巨大反響和影響。「習得性無助」概念指的是：當個體因為客觀條件制約而接連受挫時，他何以會理解成自己無力改變那些狀況，並就此接受自己的處境，將其視為常態。我們認為這個概念本身很有意思，它有助於解釋無力感和脆弱感在社會再製與社會變遷機制中，如何顯著地左右權力的運用和分配；有助於若干企業組織有效地實施強制性策略，或是有助於化解大眾的怒火，讓他們轉為順從和冷淡。然而，上述這些問題並不在塞利格曼和其他許多心理學家的探討範圍內。塞利格曼唯獨對一個課題感興趣（我們可以稱之為達爾文式的課題）：在實驗設定情況下，一些受試者從不保持被動，一直會做出各種嘗試來逃脫惡劣情境。塞利格曼（有套套邏輯之嫌）將此種能力歸因於樂觀這類人格特質：樂觀的人是不屈服於不幸的人，樂觀是一種天生的能力。塞利格曼認為，有一些人無論如何都能重新框架（reframe）逆境對自己的影響，不僅是克服逆境，也從中學習與成長。這是現今所稱的「心理韌性」（resilience，譯註：亦譯為「復原力」）。

塞利格曼在《哈佛商業評論》發表的〈培養心理韌性〉一文中提出一個驚人的觀點：心理韌性是帶來成功的心理素質，反之，無法成功、失業，以及往下的社會流動是心理素質軟弱所致。

道格拉斯和華特是賓州大學的企業管理碩士，都在華爾街的公司工作，一年半以前遭到資遣。兩人都陷入混亂狀態，他們難過、無精打采、不知如何是好、對未來感到焦慮。但對道格拉斯來說，這些只是暫時性的情緒。兩個星期後，他告訴自己：「這並不是我的問題；是因為景氣不好。我的專業能力很強，總會有公司需要我。」他寫了新的履歷表，寄到紐約的十多家公司，沒有一家錄用他。他接著投寄到老家俄亥俄州的六家公司，最後順利謀得一職。相反地，華特逐漸陷入無助深淵：「我會被解僱是因為一遇到壓力就表現不佳。我不適合金融這一行。景氣恐怕還要好幾年才會復甦。」即使就業市場已經有起色，他還是沒找工作；他最後搬回家與父母同住。

人們面對失敗挫折時反應不同，道格拉斯和華特（事實上是所有受訪者陳述內容的綜合呈現）代表光譜的兩個極端。道格拉斯這類人頂多消沉一時，很快就會重新振作起來；他們在一年內就能從挫敗經驗中得到成長。華特這類人先是傷心，然後憂鬱，最後對未來充滿恐懼，就此失去行動力。然而在工作上，失敗是在所難免的，它就像失戀一樣，是人生中最普遍的創傷之一。像華特這樣的人幾乎一定會在職涯發展受阻，任何一家企業裡如果都充斥這種員工，遇上景氣低迷時就會跌入谷底。像道格拉斯這樣的人，才會步步高陞到最高層的位置，組織必須錄用並留住這樣的員工才能成功。但要如何辨別誰是華特，誰又是道格拉斯呢？華特可能變為道格拉斯嗎？63

道格拉斯跟華特的差異在於前者有更強的心理韌性。像道格拉斯這樣的人會「高陞到最高層的位置」，正是因為他們有能力把逆境轉變為機會，將痛苦轉變成勝利，從負向事件中找到生命的正向意義。塞利格曼認為，凡是全力以赴、時時向世界微笑的人，他們都會被世界善待，即使在高度競爭、充滿不穩定性和風險的勞動市場也能擁有優勢。相對地，負向性也有機會為個人帶來益處。即使在正向心理學家看來，負向性只會干擾妨礙人們在生活中的任何努力，但這些科學家創造出一個病症，也會有對治它的處方。他們認為，只要將負向的想法和情緒轉變為某樣正向的東西，意即只要讓它們成為個人成長和自我實現的手段，負向性便能夠教給我們正向的、有力的一課。

正向心理學家主張，具有心理韌性的人之所以能夠越來越好，因為他們的心理就像緩衝墊一樣能抵擋任何挫敗的感受，即使落到谷底也能「反彈回來，並且彈得更高」，即使面對困厄或壓力環境也能持續努力、取得成功，他們能善用正向情緒，從負向經歷中培養出正向的因應能力64：「那些成功的人面對負向壓力因子依然能夠繼續前進，他們具備的不是運氣，而是心理韌性。」65塞利格曼指出道格拉斯和華特的一個關鍵差別在於：「道格拉斯這類人頂多消沉一時，很快就會重新振作起來；他們在一年內就能從挫敗經驗中得到成長。華特這類人先是傷心，然後憂鬱，最後對未來充滿恐懼，就此失去行動力。」因此，正向心理學家只要找出哪些人格特質和心理向度（psychological dimension）能讓人克服逆境獲得成長，就可以知道如何幫助華特變成道格拉斯。塞利格曼表示，正向心理學家從多年來累積的科學研究結果已掌握到關鍵所在：「我們不僅了解到如何分辨哪些人遭遇失敗會成長、哪些人會一蹶不振，也知道如何幫助後者培養走出逆境的技能。」

不過，心理韌性這個概念並不是由正向心理學最先提出。早在正向心理學問世前數十年，學術界內外已存在相關的探討。在學術界，在一九八〇年代晚期到一九九〇年代，麥可・盧特（Michael Rutter）和安・馬斯騰（Ann Masten）研究了人們面對逆境不被擊倒、遭遇挑戰或威脅仍能順利適應的心理機制。[66]在學術領域以外，則有一些暢銷書作家透過作品將心理韌性概念普及開來。例如。美國作家戴夫・佩爾勒（Dave Pelzer）一九九五年出版的《一個叫作「它」的孩子：倖存者的勇氣》（*A Child Called 'It': One Child's Courage to Survive*），法國作家鮑赫斯・西呂尼克（Boris Cyrulnik）一九九九年出版的《美好的不幸》（*Un merveilleux malheur*）；這些作品顯然都借鑒了維克多・法蘭可（Viktor Frankl）於一九四六年問世的自傳《尋找意義的男人》（*Man's Searching for Meaning*）。這幾本書的共通之處在於，作者都講述了如何從創傷中倖存下來的經歷。另一個共通點則是，這些自我敘事都從自我成長的觀點切入：故事當事人不僅從悲劇中倖存，更重要的是，他們也因此脫胎換骨，成為更好的人。在正向心理學家看來，這些真實故事不僅證明了一些人遇到逆境時更能夠再度振作，也證實創傷事件可以帶來「逆境成長」（adversarial growth）。正向心理學家用「創傷後成長」（post-traumatic growth, PTG）一詞來指稱這個現象。這個概念於二〇〇〇年代初期開始受到關注，二〇〇六年，《創傷後成長：研究與實踐》（*Handbook of Posttraumatic Growth: Research and Practice*）[67]一書為此概念建立起理論框架和理論背景，進一步鞏固其影響力。

和心理韌性相較，「創傷後成長」是一個更特定的概念，專指在創傷事件後不僅復原良好，還對生活更加珍惜、生活更充實、精神更富足、有重生的積極正向感受，或是感覺自己更接近本真、變成更好的人。⑱創傷後壓力症（post-traumatic stress disorder, PTSD）這個用詞呈現的是傳統心理學偏重於負向、病理的特性，也與越戰帶給美國社會的夢魘有過度緊密的聯結，「創傷後成長」研究則是聚焦在更正向的部分，探究和呈現人在遭遇罹癌、心臟病發、意外、性暴力、災難、絕症和戰爭等創傷事件⑲之後實現自我成長、過得幸福美滿的經驗。正向心理學家從小說、個人自傳和研究訪談對象蒐集這類創傷後成長的故事和親身經歷，經過統整、分析後，得出的概略結論是：「樂觀、內心有宗教信仰、常常有好心情」⑳的人通常更傾向能於「創傷後成長」。

但有學者以批判性的觀點檢視了「創傷後成長」概念，指出它並不具備可驗證性，可能只是一種假想的，而非真實的現象。㉑說白一點，「創傷後成長」概念似乎只是以科學性的字詞來表述這句格言：「那些殺不死你的，會讓你更強大」。更白話一點，「創傷後成長」概念有利於省錢。先不論被診斷出患有創傷後壓力症的人若提起訴訟可獲得多少賠償金，他們往後每個月都能領取政府給予殘障人士的三千美元補助金。塞利格曼在《邁向圓滿》第八章「將創傷轉變為成長」裡寫道：「那樣的錢可能導致病患誇大症狀，並有理由讓病症延續下去。」⑫他不認為有人會裝病，但指出這類診斷會令人喪失自尊，以致無法產生動力來改變自身狀況。因此，「創傷後成長」概念不僅關乎創傷預防，更著重於如何促進個人在創傷後的成長，附帶好處則是：為納稅人省下一些錢。

不過，心理韌性和「創傷後成長」概念不單在心理治療領域得到運用，它們也被引入勞動市場，乃至軍隊。塞利格曼以〈培養心理韌性〉一文似乎可收到一石二鳥之效。其一，塞利格曼能向《哈佛商業評論》的讀者宣揚正向心理學在此課題的研究進展。包括企業界人士、經理人、教練、個人成長工作者及隸屬許多其他機構的這群對象，如同我們在前一章談到的，從二〇〇〇年代初期已開始運用快樂、心理韌性和其他正向心理學概念，也對堅毅性格（hardiness）、恆毅力和情緒強健（emotional toughness）這類概念十分感興趣。其二，塞利格曼和一些正向心理學家甫開始與軍隊合作，進行心理韌性訓練方案，他藉此文來宣傳此概念在軍隊管理中的應用與成效。塞利格曼在文中明確將軍隊環境比擬為職場（甚至把兩者畫上等號），強調企業和軍隊能夠彼此學習：「我們認為企業界人士可以從這套訓練課程獲益，特別是在挫敗和景氣停滯時期。我們透過與個別士兵（員工）和教官（經理人）合作，協助培養了一批道格拉斯，他們能將最艱難的經歷轉化為提升表現的催

化劑。」(73)

二〇〇八年，美國陸軍與馬汀．塞利格曼、芭芭拉．弗雷德里克森等正向心理學家密切合作，展開耗資一億四千五百萬美元的「全方位士兵強健計畫」。正向心理學之父塞利格曼表示，這個計畫的所有課程，特別是心理韌性訓練已經達到很好的成效：士兵能更適應戰鬥任務帶來的壓力，更快從創傷事件中恢復，並且能夠正面積極地履行職責。(74)塞利格曼顯然對該計畫興致勃勃、情有獨鍾（他表示自己是無償參與），他不僅鼓勵學校和企業組織關注軍人在接受心理韌性訓練後顯現的進步（第二章和三章已提到，此兩種組織確實留意該訓練的成果），也在二〇一一年出版的《邁向圓滿》一書中以極大篇幅來宣揚該計畫課程的許多益處，並讚美美國陸軍以強大的愛國心和精神力量進行了這項必要訓練。(75)

儘管塞利格曼與許多正向心理學家鼓吹「全方位士兵強健計畫」在科學實證和執行成果上的成功，但該計畫也引來批評聲浪。(76)率先發難也抨擊最力的正是「倫理心理學聯盟」（Coalition for an Ethical Psychology）。該聯盟指出幾個倫理問題：士兵並非志願參與計畫；該計畫可能讓他們未能注意到戰鬥任務導致的其他嚴重、有害影響；培養不屈不撓的士兵，這樣的做法在道德上有疑慮；強化精神力量的訓練恐怕有推廣基督宗教之嫌。(77)另一些質疑則是針對該計畫在科學上的效度（validity）和效能（effectiveness）：「『全方位士兵強健計畫』的成效評估研究看來破綻百出，近來證明該計畫『有效』的數據似乎是失實的。」⑱其他多位學者也對該計畫的倫理面、研究方法和技術面提出類似疑問⑲，像是：研究設計有問題；未做先導研究，缺少控制組；讓士兵接受尚未經過實證驗證的心理韌性訓練；由於欠缺效果，就大幅修改各單元的課程，並臨時加入新的內容：

總括來說，作為「全方位士兵強健計畫」最重要部分的「心理韌性總訓練」，效果（根據士兵的自陳報告）非常有限，一些個案甚至未接受任何訓練，而「全方位心理韌性單元」的效果更糟……數據有偏誤、效果甚微，加上前面提過的不同干擾因子，將這些綜合起來考量，即使以士兵的自陳報告為憑，都很難斷定他們變得更具備心理韌性。⑳

此計畫除了在科學上、技術上的效度與效能受到質疑，在軍隊及企業組織裡應用心理韌性概念可能導致的社會後果和道德後果也是主要問題所在。基於職責而犯下暴行的士兵若是迅速輕易地恢復，他們會比那些心理受到嚴重影響的士兵更可敬嗎？心理韌性強大的員工面對企業組織的殘酷、剝削行為和高壓措施可以逆來順受，他們就比其他無法承受的員工更可佩嗎？不管就理論和道德角度，這都是存在疑問的。此外，心理韌性概念很可能改變社會成員對痛苦的理解和處理方式。遭遇逆境時無法展現堅韌或是保持正向態度的人，他們是否要自我質疑？對自己的生活處境無法感到快樂或自覺不夠快樂的人，他們是否要自責？這樣一套心理韌性或正向論述不正是鼓勵順從於社會規範標準（conformism），並且將隱藏的階級觀念和意識形態加以合理化嗎？強調一個人不管處於什麼樣的情境下都得保持正向態度，這豈不是形同剝奪負向感受的正當性，將痛苦變為無用、甚或可鄙的事嗎？我們認為，事實正是如此。

無用的痛苦

伏爾泰小說《憨第德》（*Candide*）裡的貴族女主角克妮岡蒂（Cunégonde）；愛蓮娜・波特（Eleanor Porter）兒童經典文學作品《波麗安娜》裡的孤兒少女波麗安娜・惠提爾（Pollyanna Whittier）；羅貝多・貝尼尼（Roberto Benigni）電影《美麗人生》（*Life is Beautiful*）裡的主角吉多・奧雷菲斯（Guido Orefice），三個人物都有一個共同點。他們都遭遇過不幸苦難，卻始終堅信在「流淚谷」所經歷的一切會變為祝福。雖然人生給了他們重重一擊，人生仍然是美麗的。這個世界可以奪走他們的榮譽、家人或自由，但無法阻擋他們玩「快樂遊戲」——意即無論情況多麼悲慘，他們都能在每件事中找到正向開心的一面。這些美妙角色、啟發人心的故事有其負面作用，因為它們將快樂和痛苦都呈現為一種個人選擇，因此那些決定不玩「快樂遊戲」的人會被質疑是自己想要不幸，因此該為自己的不幸負責。

正向心理學的快樂論述，特別是心理韌性這類概念，也以同樣的訊息作為核心。前面提過的幾部小說，自助書籍作者述說的親身經歷，以及有科學背書的心理韌性概念，都傳達了兩個主要的道德寓意：第一，如果沒有學到面對困境的正向態度，那麼痛苦就是無用的；其次，持續的痛苦是一種選擇，即使一些不幸是不可避免的，每個人都有力量找到脫身的出口。正向心理學家不斷傳達一個訊息：即使每個人情況各異，人人都能以正向觀點看待生活中的一切。如果任何有壓力的人、憂鬱的人、遭到邊緣化的人、受剝削的人、窮人、破產的人、有成癮問題的人、難過的人、生病的人、孤獨的人、失業的人、懷舊的人、失敗的人等等無法活得更快樂、更圓滿，就是因為他們不夠努力；因為他們沒有將心情和態度切換到正向模式；因為他們沒有把人生裡的檸檬榨成檸檬汁。有人曾問芭芭拉．

費德瑞克森，如果生活裡遭遇的情況太惡劣、挑戰太艱難，聚焦在正向情緒是否僅是少數人能負擔的奢侈，她回答：

我認為每個人都可以有正向情緒。有人對世界各地貧民窟的居民、對妓女進行過幸福感和生活滿意度的研究。調查數據顯示，正向情緒並非如我們認為的那樣跟物質資源有關；實際上，正向情緒取決於你對個人境況的態度與觀點。在外部觀察者眼中，艱苦的生活通常看起來很糟糕。如果我們見到在街上生活的遊民，我們會認為這個人的生活一定每分鐘都很悲慘。我們認為罹患某種疾病或是身體有缺陷一定分分秒秒都很難受。但是如果你調查研究那些病患或街友，會發現他們與朋友或家人共處時仍然會感覺良好，他們遇到新鮮事時也會興奮開心。81

當然，將負向情緒重新框架為正向的，或是展現有助於對抗人生阻礙的正向自我概念，在某些情況下可能是有益的可取做法，因為這可以使你的頭腦變得冷靜、清醒（參見第四章的討論，正向心理學的建議往往是將普通常理加以儀式化）。那些方法完全不成問題。然而，當強調正向性成為一種專制態度，認為人們多數的不幸和無能為力都該由他們自己負責，這就大有問題——儘管這樣的歸責本身就短視、缺乏根據且不公平。更有問題的是，正向心理學宣稱獨尊正向性有著客觀的科學實證的基礎。在人人要為自己的痛苦負責的世界裡，幾乎沒有位置留給憐憫或同情。㉜在據說人人天生就有一套機制、能將逆境化為自身優勢的世界裡，也幾乎沒有位置留給抱怨。

質疑所有現存事物，將熟悉的「去熟悉化」，探究我們的身分認同與日常行為的形塑過程、意義和實踐模式，皆是社會批判性思考的基本手段。㉝設想是否有更自由的替代方法來過生活、來為個人欲望排定優先順序、來實現期望，以及尋求公義與滿足，也是社會批判性思考的一部分，因為要做到批判性和建設性的社會分析，不免或多或少要抱持烏托邦的想法，勾勒出一個理想圖像甚至是必要的。然而，如我們所見，快樂意識形態不容許上述這些做法。儘管快樂意識形態打著面對現實的旗號，然而，跟任何其他意欲完善人性與社會的嘗試相比，它一樣是烏托邦式的——無論正向心理學的倡議者、研究者和實務工作者是如何否認這一點。那些掌握權力者總是聲稱他們所在的那一邊是現實㉞，這並非因為他們的主張有多麼正確，主要的原因還是在於他們有權力使那些主張顯得真實。費德瑞克森這些正向心理學家敢於公開主張無論是誰（包括遊民和妓女）、無論身處哪種境況，任何人都可以有正向情緒並過著好生活，不僅因為這些學者享有一言九鼎的權威性（儘管其主張毫無根據又保守），也由於他們有強制大家接受、遵循任何說法的權威性。

眾所皆知，正向心理學家對批判性思考經常充滿敵意，他們稱其為負面的、欺人的、不誠實的。這些學者認為我們應當擺脫這類負向思維，因為從中產生的主張毫無意義，無從達成社會和政治變革。例如，魯特．馮霍文認為負向觀點的主張是不著邊際、誇大其詞的，對促成社會和政治改變都無濟於事㊽；他指出有足夠科學證據證明全球各地人們的生活水平和品質已經普遍得到提高。㊾他表示，那類負向思維的主張只不過是西方世界「長久以來社會批判和『末日預言』傳統」的一部分㊿，總是有「遵循馬克思、弗洛依德、涂爾幹、理斯曼（Riesman）、雷瑟（Ritzer）或普特南（Putnam）教導」的社會理論家和記者為其加油添柴，那些人「為工作所需得挖掘社會問題，就基於那個理由，他們傾向於強調惡的面向」。[88]他認為這些知識份子這樣散播對現代社會的「負向觀點」會妨礙我們覺察到社會實際的進步幅度。塞利格曼也表達過類似論調：「社會科學始終在挖掘、揭發那些讓人們活得艱辛甚至活不下去的制度問題」，但是從未告訴我們如何將「那些令人無力的境況減到最少」。[89]

正向心理學的這類主張是一種無視人類歷史的天真觀點，在知識上構成相當大的誤導，不僅缺乏嚴謹的科學性，而且從政治角度來看是有危害的，因為它們促使我們接受一種過分樂觀也過度簡單的看法：我們所在的世界已經是所有可能世界中最好的。就如湯瑪斯．曼（Thomas Mann）小說《布頓柏魯克世家》（*Buddenbrooks*）裡的主角湯瑪斯所言，重點不是接受我們已經活在所有可能世界中最好的世界——我們根本無從知道它是不是；重點在於去質問：我們是否活在可能想像到的世界中最好的那一個。這正是社會批判性思考要我們去思索的事。然而，制霸一切的正向思考讓我們接受前者，阻止我們去想像後者。

壓抑負向情緒和負向想法，這不僅有助於合理化內隱的社會階級與相關意識形態，也剝奪了痛苦存在的正當性，使之「平凡化」。必須將不切實際的負向想法轉變為有建設性的正向想法，必須對自己和世界抱持樂觀態度——隨著這些要求受到人們廣泛接受，諸如痛苦、憤怒和悲傷等情緒不只被視為有破壞性的、不受歡迎的，甚至被認定是毫無建樹、毫無用處的，或者以列維納斯（Levinas）的話來說，是「無謂的」。[90]這個世界裡的克妮岡蒂們、波麗安娜們和吉多們凡事只往正向看的做法，不單單讓痛苦成為令人不快的威脅（對那些生活愉快的人而言），對於已經在受苦的人來說，痛苦成了更難忍受、更令他們羞愧的感受。對生活感到快樂、滿意的人歸功於是自己努力「應得的」，也自認有資格指責那些不快樂的人沒有承擔起責任、沒有做出正確的選擇、遭遇逆境時沒有調適自己、不夠靈活、沒法把挫敗當作個人成長和實現更好生活的機會。因此，受苦的人不但得處理自己心理的沉重負擔，還要為無法克服個人困境而覺得自責。在正向思考的霸權統治下，我們傾向將悲傷、無助或哀悼視為人生中微小的挫折或短暫狀態，相信自己只要付出足夠的努力就能從中脫離。這意味著任何負向的感受能夠也應該消失，並且不會在心理上留下任何痕跡或印記；鑑於現在正向心理學家宣稱已找到用樂觀替代絕望的科學方法，可以說任誰都能將負向性消除殆盡似的。強調大家始終要看著人生光明面，這樣的意圖固然良善，但往往潛藏著對受苦難者的深刻誤解和冷漠無情。

威廉・詹姆斯（William James）表示，人的一生裡總有真正的挫敗和失去，人因此感受到的痛苦再真實不過。人生中難免有或大或小的不幸，僅僅是回答「我該怎麼活」這類重要道德問題時，都會導致非此即彼的選擇：我要這一種美好還是另一種美好。只有心胸狹窄的人才無法看到，我們之所以成為現在的樣子、過著現在的生活，都是捨棄許多可能自我與可能路徑的結果。㉛並不存在一個單一的、更本真的或最高的自我，人生中也沒有一個單一的、絕對最高的目標要追求。這個論點也適用於快樂概念。人在做出任何道德選擇時，無論是自願或被強制的，個人或集體的，總會有一種良善或美好被犧牲掉——可能是某些值得成為的自我，某些值得爭取的價值，或是某些值得實現的社會計畫。選擇必然伴隨著失去，悲劇就根植在日常的個人、社會、政治生活的本質中。我們在生活中所做出的大大小小捨棄或犧牲，必然伴隨著大大小小的痛苦和失去，即使是最好的一種快樂科學也無法讓我們免除那些遺憾感受。

結語

阿根廷作家胡利奧．科塔薩爾（Julio Cortázar）在他一九六二年的短篇小說〈如何為手錶上鏈〉（Instructions On How to Wind a Watch）裡，精妙表達出人對時間執迷的程度，以及那樣的執念又如何使得原本為我們所用的時間反過來成為我們的主宰者。科塔薩爾在小說中以手錶作為時間的隱喻：

> 設想一下：他們送你一只錶時，他們給你的其實是一座繁花錦簇的小地獄，一座玫瑰花圈，一座地上的監牢……他們送上的不僅是這只你將戴在手腕上、伴你到任何地方的微小石英機芯……他們送給你的是一個簇新、脆弱、不牢靠的自我零件，它是屬於你的東西，但不是你身體的一部分，你得像繫腰帶一樣把它戴上，讓它就像一隻迷你手臂緊抓住你的手腕。他們送給你的是每天要為它上鏈的任

務，你必須照做，否則它不再有手錶的作用；他們送給你的是執念，你會看向珠寶店櫥窗裡的錶、聆聽廣播電台的報時、打電話到報時台，時時刻刻都在確認正確的當前時間。他們送給你的是恐懼，你老在擔憂這只錶會被人偷走，或是掉在地上毀損了。他們送給你的是一個品牌，向你保證這個牌子比其他牌子都好，因此，他們也送給你總想把自己的錶與其他人的錶相比較的衝動。他們並不是送你一只錶，是這只錶得到了你。①

科塔薩爾這篇小說裡的隱喻恰可用來比擬現今的快樂概念——它當然是一種執念，但也是一份虛假、騙人的禮物。並不是穿著實驗室白袍、立場超然的若干科學家發現了「快樂」這個人類珍貴寶物，再將它送出以解放大家——就像普羅米修斯從奧林帕斯山取了天火送給人類那樣。我們就像科塔薩爾小說裡收到手錶餽贈的人，自己反倒成了禮物，快樂才是收禮者。我們以自身的快樂為名義所做的絕大部分事情，無論它們是否有益處，是否令人失望、是否虛假，最優先受惠的對象不是我們自己，而是那些聲稱掌握到快樂真理的人。致力於追求快樂這件事，並不必然意味著讓自我得到提升或讓社會變得更好，反倒是助長了快樂作為一個概念、一門生意、一種產業以及一種消費主義生活形態的正當性、普及性和權力威勢。快樂已經成為掌控我們生活的有用概念，因為當我們一味追求快樂時，已經淪為任它擺佈的奴隸。並不是快樂來適應我們每個人，由它去擴展自身範圍來涵蓋我們情緒感受的明暗面、想法的模稜兩可性和生活的複雜紋理；反倒是我們必須傾力適應快樂的消費主義邏輯，依從它隱含的意識形態和專橫要求，並且接受它狹隘的、簡化的心理學主義式假設。由於快樂概念的倡議者為我們創造太多期待，領悟到上述實情可能令人大失所望。不過，如果我們不認清事實，如果我們放棄多角度的批判性思考，這座由勢大力壯的專家、學者與實務工作者為我們啟動的快樂機器就會持續運轉下去。

我們衷心相信，正向心理學的確幫助了一些人，該學科的若干建議與方法確實讓人們感覺更好，而快樂也是一個重要、有意思的概念，值得從科學角度加以研究。但是，我們不認為快樂是正向心理學家、快樂經濟學家以及其他快樂專家所大肆吹噓的發現——所謂最高層次的、不證自明的好。現今的快樂概念，其形式和應用對組織與機構來說是一種有力的工具，可用以培養出更多唯命是從的員工、士兵與公民。「竭盡所能提升自我」，成為這個時代人們的新的服從義務。在十八、十九世紀時，主張追求個人的快樂是一種叛逆。然而風水輪流轉，說來諷刺，快樂如今被巧妙地織入當代權力結構。

如果就像正向心理學家不厭其煩反覆強調的，快樂是不證自明的好，那麼其實並不需要科學家和專家的提點告知——我們就是會知道。如果快樂是不證自明的好，但是除了專家以外，迄今所有人都盲目到看不見這個事實，那麼更不可把這麼重要的快樂大事交到一個有簡化問題傾向、隱含意識形態偏見的可疑學科手中。該領域的那些主張不僅與消費市場互利共生，方便為技術官僚取用，包裝成政策，也完全符合企業界、軍隊和新自由主義教育體系的需要。這是為什麼不該信任那些自稱掌握快樂祕訣的專家的理由。我們已經看到那些主張來自何處，它們如何被運用，背後有哪些利益，以及從中受惠最大的對象是誰。此外，類似的承諾和主張早有先例，甚至是屢見出現，只不過形式有所不同。更根本來說，我們之所以不該信任這些快樂倡議者的原因在於：雖然他們一再承諾會給予我們通往美好生活的鑰匙，但實情是，那樣的鑰匙依然是無處可尋、不可得的。一如哈姆雷特對波隆尼爾所說的：「都是些文字，文字，文字」，我們所擁有的，都只是文字罷了。迄今為止，正向心理學這類快樂科學的興起與鞏固究竟讓人們有多大程度的獲益，答案仍然未明，但可以肯定的是，正向心理學家、快樂經濟學家和個人成長產業都得到豐厚的回報。

我們也有理由認為，心理層面的事永遠沒有祕訣可言。首要的原因在於，如果快樂有任何祕訣，如果有任何魔法鑰匙可以開啟快樂這個黃金寶盒，那個祕訣必然不屬於心理層面。我們以前就常聽到心理學家宣稱握有科學的鑰匙，能夠揭露任何重要社會現象背後的機制。正向心理學家則聲稱不走心理學的「老路」，但是他們終究「按著老路」來行事。正向心理學家堅信只要深入快樂的人的內心就能理解快樂的祕密，就像心理學家信誓旦旦保證只要深入霸凌者的內心就能理解霸凌，深入成功人士的內心就能理解成功，深入殺人犯的內心就能理解謀殺，或是深入愛侶、信徒和恐怖份子的內心就能理解愛、宗教或恐怖主義。心理學研究長久以來都立基於此一假設，沒有理由認為這種狀況會有任何改變，正向心理學這一門分支自然也不例外。事實上，心理學家和正向心理學家越不願承認自身歷史（過去極端的主張、文化根基及意識形態遺害），似乎就越常重蹈覆轍。

心理學家、正向心理學家和研究快樂的科學家在討論快樂這一類概念的時候，並不純粹是做出描述，而是建構與規範了概念的內涵。任何人都能注意到，這些專家勾畫出的快樂者心理輪廓——再透過消費市場推廣傳布的輪廓——與自立自強、自我管理、自主決定的新自由主義理想公民樣貌（本書導論裡提到的葛德納——電影裡和真實生活裡的他——即是典型代表）幾乎如出一轍。一個嶄新的、獨立的、無偏見的快樂科學根據研究所得出的快樂者心理特性，正好與新自由主義下的理想公民特性一致，這種情況發生的可能性有多大？面對不確定、高競爭環境的企業組織需要具有獨立自主性、靈活彈性、心理韌性、毅力和自律的員工，而這些特點恰恰符合快樂專家勾勒出的快樂員工心理輪廓，這會不會巧合得出奇？當然，社會科學不免會受到意識形態和經濟的影響。不過，沒有任何領域比快樂科學更受到這些因素左右，該門學科與公私機構結盟，推動議題進入政府政策議程，發展出一整個快樂產業，這些事實往往就能說明一切。

社會科學也並非絕對可靠。但快樂科學家和專家的研究論文經常充斥「突破性發現」、「堅實的證據」、「實證發現」或「毋庸置疑的益處」等詞彙，彷彿已掌握了確鑿真理；他們言談時經常以大師、先知甚至開悟者姿態自居。主要問題並不在於這些專家所說的一切有謬誤。他們通常只是以嚴肅的心理學術語重新說出一般常理。真正的問題反倒在於，這些科學家和專家所說的一切，輕易就被許多想要相信他們的人照單全收，儘管大量證據根本與他們的假設和主張相左。總會有更多的數據和證據佐證他們的主張正確，但也會有更多來自各個層面的分析削弱、質疑甚至駁回那些證據的證明力。快樂概念和其主要倡議者所真正證明的，是他們始終頑固否決一切相反的事實和論點——無論它們是由外部人或內部人所提出的批評。快樂科學會持續進行更多研究、得到更多資助，因為許多人依然願意相信那些學者有朝一日可以知道快樂的真正祕訣。

抱持這樣的期盼並不奇怪。就算面臨各種各樣批評，快樂概念都能抵擋下來；別看這概念似乎簡單，但它給予人們一種希望感、力量感和慰藉感。對越來越多的人來說，正向心理學提供的保證的確至關重要，他們需要知道，就算處境困難、不利，只要積極地追求快樂，他們終會找到出路。但快樂並不等同於希望，更別說等同於真實的權力；最起碼，那些學者專家以簡化的、心理主義的、優越論的觀點所下的定義，絕不等同於快樂。我們不該盲目相信快樂能讓我們擺脫一切問題。對快樂的信仰崇拜頂多只是一種暫時麻痺自己的消遣，並無法治癒內心深層的脆弱感、無力感和焦慮感。因此，我們應該從快樂概念裡走出來，也就是說，我們首先應該質疑與其相伴的所有危險假設；因為那些假設所隱含的意識形態，可能正是當代社會許多問題的源頭。我們當然需要懷抱希望，但是就如泰瑞・伊格頓（Terry Eagleton）所說的，我們不要與快樂相隨而來的這個麻痺人的、專橫的、從眾的、近乎宗教式的樂觀主義。②我們需要的是一種立基於批判性分析、社會公義和集體行動的希望，它不是家長式威權的，不會代替我們決定什麼對我們是好的，不會企圖讓我們免除人生的任何磨難，而只會讓我們以更好的準備去因應這類事。我們將不會作為孤立的個體孤軍奮戰，而是作為社會的一員與其他成員一起奮鬥。

內在世界不是我們要過生活的地方。我們也無法在那裡實現顯著的社會變革。我們不想被自我蛻變的含糊承諾所制約，不想讓自己的想法、感受和期望都圍繞著自我提升打轉。主張追求快樂是人生最棒目標的那些人，我們感謝他們的好意，但是恕我們不予採納。我們可不想落得像芝諾（Zeno）悖論裡的阿基里斯，無論怎麼追趕前方的烏龜，都始終落後一段。追求最好版本的自己，就像一支射出的箭所瞄準的標靶，但這支飛行中的箭永遠會處在暫時的位置，永遠都到不了那個標的。再者，追求個人成長這個目標，既強調了個體性，也把任何負向的想法或情緒加以污名化，在在都有礙於我們培養集體意識和凝聚力。

最後，我們必須再次強調負向感受的重要性。是許多憤怒不滿的公民聚合才有集體抗議，是集體力量的發揮才能實現社會變革。以正向思考掩蓋住這類負向感受，實際上是將社會瀰漫的無奈、不滿、不安情緒加以污名化，讓那些感受成為「可恥的」表現。有人可能會反駁我們，說這是揮舞著概念模糊的集體意識大旗，阻止辛勤工作的公民享受快樂科學帶來的益處。另一些徹頭徹尾的經驗論者則會主張，快樂是我們在現時、現地唯一能夠得到的好。不過，容我們引用無政府主義哲學家暨哈佛大學教授羅伯特・諾齊克（Robert Nozick）的見解來回應此論點。諾齊克在他一九七四年出版、對功利主義提出駁斥的那本名作裡③，邀請讀者做一個假想實驗。他要我們想像自己與一台機器相連，那台機器會提供任何我們想要的愉悅感受。我們的頭腦在這樣的刺激下，會相信自己正過著想要的生活。諾齊克提出的問題是：如果你可以選擇，你會選那台快樂體驗機器還是真實人生（可能沒那麼愉悅）呢？在快樂科學（以及虛擬科技）已經成為主流的當今社會，此一問題似乎比以前更具有現實意義。我們的答案與諾齊克類似，我們認為現實比愉悅重要，追求知識（對自身和周遭世界抱持批判性思考）比追求快樂重要。諾齊克所想像的、赫胥黎（Huxley）也在小說裡描寫過的這種「體驗機器」，其現時的等同物，正是意圖控制我們一切的快樂產業。這樣的快樂產業不僅會干擾、混淆我們認知現實的能力，也使得任何真實境況都變得無關緊要。但無論如何，我們在人生中要實現的革命性與道德目的，終歸不會是快樂，而是知識和公義。

參考文獻

導論

1. Edgar Cabanas, '"Psytizens", or the Construction of Happy Individuals in Neoliberal Societies', in *Emotions as Commodities: Capitalism, Consumption and Authenticity*, ed. by Eva Illouz (London and New York: Routledge, 2018), pp. 173–96.
2. Thomas Piketty, Emmanuel Saez and Gabriel Zucman, *Distributional National Accounts: Methods and Estimates for the United States*, NBER Working Paper No. 22945, December 2016 <https://doi.org/10.3386/w22945>.
3. Jonathan J. B. Mijs, 'Visualizing Belief in Meritocracy, 1930–2010', *Socius: Sociological Research for a Dynamic World*, 4 (2018) <https://doi.org/10.1177/2378023118811805>.
4. Eva Illouz, *Oprah Winfrey and the Glamour of Misery: An Essay on Popular Culture* (New York: Columbia University Press, 2003).
5. http://www.margaretthatcher.org/document/104475
6. Eva Illouz, ed., *Emotions as Commodities: Capitalism, Consumption and Authenticity* (London and New York: Routledge, 2018).
7. Eva Illouz, *Saving the Modern Soul: Therapy, Emotions, and the Culture of Self-Help* (Berkeley and Los Angeles: University of California Press, 2008); Eva Illouz, *Cold Intimacies: The Making of Emotional Capitalism* (Cambridge: Polity, 2007); Illouz, *Oprah Winfrey and the Glamour of Misery*; Edgar Cabanas and Eva Illouz, 'The Making of a "Happy Worker": Positive Psychology in Neoliberal Organizations', in *Beyond the Cubicle: Insecurity Culture and the Flexible Self*, ed. by Allison Pugh (New York: Oxford University Press, 2017), pp. 25–50; Edgar Cabanas and Eva Illouz, 'Fit fürs Gluck: Positive Psychologie und ihr Einfluss auf die Identität von Arbeitskräften in Neoliberalen Organisationen', *Verhaltenstherapie & Psychosoziale Praxis*, 47.3 (2015), 563–78; Edgar Cabanas, 'Rekindling Individualism, Consuming Emotions: Constructing "Psytizens" in the Age of Happiness', *Culture & Psychology*, 22.3 (2016), 467–80 <https://doi.org/10.1177/1354067X16655459>; Edgar Cabanas and José Carlos Sánchez-González, 'Inverting the Pyramid of Needs: Positive Psychology's New Order for Labor Success', *Psicothema*, 28.2 (2016), 107–13 <https://doi.org/10.7334/psico

thema2015.267>; Cabanas, '"Psytizens", or the Construction of Happy Individuals'; Edgar Cabanas, 'Positive Psychology and the Legitimation of Individualism', *Theory & Psychology*, 28.1 (2018), 3–19 <https://doi.org/10.1177/0959354317747988>; Illouz, *Emotions as Commodities*. The authors wish to acknowledge that some paragraphs and sentences from these sources have been partially reproduced in this book.

8. Barbara Ehrenreich, *Smile or Die: How Positive Thinking Fooled America and the World* (London: Granta Books, 2009).
9. Barbara S. Held, 'The Tyranny of the Positive Attitude in America: Observation and Speculation', *Journal of Clinical Psychology*, 58.9(2002), 965–91 <https://doi.org/10.1002/jclp.10093>.
10. Sam Binkley, *Happiness as Enterprise: An Essay on Neoliberal Life* (New York: SUNY Press, 2014).
11. William Davies, *The Happiness Industry: How the Government and Big Business Sold Us Well-Being* (London and New York: Verso, 2015).
12. Carl Cederström and André Spicer, *The Wellness Syndrome* (Cambridge: Polity, 2015).

第 1 章　讓專家助你獲得幸福

1. Martin E. P. Seligman, *Authentic Happiness: Using the New Positive Psychology to Realize Your Potential for Lasting Fulfillment* (New York: Free Press, 2002), p. 25.
2. http://www.apa.org/about/apa/archives/apa-history.aspx
3. Seligman, *Authentic Happiness*.
4. Seligman, *Authentic Happiness*, p. 25.
5. Seligman, *Authentic Happiness*, p. 28.
6. Seligman, *Authentic Happiness*, p. 28.
7. Martin E. P. Seligman and Mihaly Csikszentmihalyi, 'Positive Psychology: An Introduction', *American Psychologist*, 55 (2000), 5–14 <https://doi.org/10.1177/0022167801411002>, p. 6.
8. Martin E. P. Seligman, *Flourish: A New Understanding of Happiness and Well-Being – and How to Achieve Them* (London: Nicholas Brealey, 2011), p. 75.
9. Seligman and Csikszentmihalyi ,'Positive Psychology: An Introduction', p. 8.
10. Kristján Kristjánsson, 'Positive Psychology and Positive Education: Old Wine in New Bottles?', *Educational Psychologist*, 47.2 (2012), 86–105 <https://doi.org/10.1080/00461520.2011.610678>; Roberto García, Edgar Cabanas and José Carlos Loredo, 'La Cura Mental de Phineas P. Quimby y el Origen de la Psicoterapia Moderna', *Revista de Historia de La Psicología*, 36.1 (2015), 135–54; Dana

Becker and Jeanne Marecek, 'Positive Psychology: History in the Remaking?', *Theory & Psychology*, 18.5 (2008), 591–604 <https://doi.org/10.1177/0959354308093397>; Eugene Taylor, 'Positive Psychology and Humanistic Psychology: A Reply to Seligman', *Journal of Humanistic Psychology*, 41 (2001), 13–29 <https://doi.org/10.1177/0022167801411003>.

11. Seligman and Csikszentmihalyi ,'Positive Psychology: An Introduction', p. 13.
12. Martin E. P. Seligman and Mihaly Csikszentmihalyi, '"Positive Psychology: An Introduction": Reply', *American Psychologist*, 56 (2001), 89–90 <https://doi.org/10.1037/0003-066X.56.1.89>, p. 90.
13. Martin E. P. Seligman, *Learned Optimism: How to Change Your Mind and Your Life* (New York: Pocket Books, 1990), p. 291.
14. Seligman and Csikszentmihalyi, 'Positive Psychology: An Introduction', p. 6.
15. Seligman and Csikszentmihalyi, 'Positive Psychology: An Introduction', p. 13.
16. Seligman, *Flourish*, p. 7.
17. C. R. Snyder, Shane J. Lopez, Lisa Aspinwall, Barbara L. Fredrickson, Jon Haidt, Dacher Keltner and others, 'The Future of Positive Psychology: A Declaration of Independence', in *Handbook of Positive Psychology*, ed. by C. R. Snyder and Shane J. Lopez (New York: Oxford University Press, 2002), pp. 751–67, p. 752.
18. Martin E. P. Seligman, 'Building Resilience', *Harvard Business Review*, April 2011 <https://hbr.org/2011/04/building-resilience>, para. 7.
19. Bruce E. Levine, 'Psychologists Profit on Unending U.S. Wars by Teaching Positive Thinking to Soldiers', *Huffpost*, 22 July 2010 <https://www.huffingtonpost.com/bruce-e-levine/psychologists-profit-on-u_b_655400.html?guccounter=1>.
20. Christopher Peterson and Martin E. P. Seligman, *Character Strengths and Virtues: A Handbook and Classification* (New York: Oxford University Press, 2004), p. 4.
21. Peterson and Seligman, *Character Strengths and Virtues*, p. 5.
22. Peterson and Seligman, *Character Strengths and Virtues*, p. 6.
23. Ryan M. Niemiec, 'VIA Character Strengths: Research and Practice (The First 10 Years)', in *Well-Being and Cultures: Perspectives from Positive Psychology*, ed. by Hans Henrik Knoop and Antonella Delle Fave (Dordrecht and Heidelberg: Springer Netherlands, 2013), pp. 11–29 <https://doi.org/10.1007/978-94-007-4611-4_2>.
24. Gabriel Schui and Günter Krampen, 'Bibliometric Analyses on the Emergence and Present Growth of Positive Psychology', *Applied Psychology: Health and Well-Being*, 2.1 (2010), 52–64 <https://doi.org/10.1111/j.1758–0854.2009.01022.x>; Reuben D. Rusk and Lea E. Waters, 'Tracing the Size, Reach, Impact, and Breadth of Positive Psychology', *The Journal of Positive Psychology*, 8.3 (2013), 207–21 <https://doi.org/10.1080/17439760.2013.777766>.
25. Pierre Bourdieu, *Distinction: A Social Critique of the Judgment of Taste* (London: Routledge, 1984).

26. Ehrenreich, *Smile or Die*.
27. Elaine Swan, *Worked Up Selves: Personal Development Workers, Self-Work and Therapeutic Cultures* (New York: Palgrave Macmillan, 2010), p. 4.
28. Seligman, *Flourish*, p. 1.
29. https://coachfederation.org/files/FileDownloads/2016ICFGlobalCoachingStudy_ExecutiveSummary.pdf
30. Martin E. P. Seligman, 'Coaching and Positive Psychology', *Australian Psychologist*, 42.4 (2007), 266–7, p. 266.
31. Seligman, *Flourish*, p. 70.
32. Seligman, *Flourish*, pp. 1–2.
33. George A. Miller, 'The Constitutive Problem of Psychology', in *A Century of Psychology as Science*, ed. by Sigmund Koch and David E. Leary (Washington, DC: American Psychological Association, 1985), pp. 40–59 <https://doi.org/10.1037/10117-021>.
34. Henry James, 'The Novels of George Eliot', *The Atlantic Monthly*, 18 (1866), 479–92 <http://www.unz.org/Pub/AtlanticMonthly-1866oct-00479>.
35. John Chambers Christopher, Frank C. Richardson and Brent D. Slife, 'Thinking through Positive Psychology', *Theory & Psychology*, 18.5 (2008), 555–61 <https://doi.org/10.1177/0959354308093395>; John Chambers Christopher and Sarah Hickinbottom, 'Positive Psychology, Ethnocentrism, and the Disguised Ideology of Individualism', *Theory & Psychology*, 18.5 (2008), 563–89 <https://doi.org/10.1177/0959354308093396>.
36. Brent D. Slife and Frank C. Richardson, 'Problematic Ontological Underpinnings of Positive Psychology: A Strong Relational Alternative', *Theory & Psychology*, 18.5 (2008), 699–723 <https://doi.org/10.1177/0959354308093403>; Alistair Miller, 'A Critique of Positive Psychology – or "the New Science of Happiness"', *Journal of Philosophy of Education*, 42 (2008), 591–608 <https://doi.org/10.1111/j.1467-9752.2008.00646.x>; Richard S. Lazarus, 'Author's Response: The Lazarus Manifesto for Positive Psychology and Psychology in General', *Psychological Inquiry*, 14.2 (2003), 173–89 <https://doi.org/10.1207/S15327965PLI1402_04>; Richard S. Lazarus, 'Does the Positive Psychology Movement Have Legs?', *Psychological Inquiry*, 14.2 (2003), 93–109 <https://doi.org/10.1207/S15327965PLI1402_02>.
37. James K. McNulty and Frank D. Fincham, 'Beyond Positive Psychology? Toward a Contextual View of Psychological Processes and Well-Being', *American Psychologist*, 67.2 (2012), 101–10 <https://doi.org/10.1037/a0024572>; Erik Angner, 'Is It Possible to Measure Happiness?', *European Journal for Philosophy of Science*, 3.2 (2013), 221–40.
38. Myriam Mongrain and Tracy Anselmo-Matthews, 'Do Positive Psychology Exercises Work? A Replication of Seligman et al.', *Journal of Clinical Psychology*, 68

(2012), 382–9 <https://doi.org/10.1002/ jclp.21839>.

39. James C. Coyne and Howard Tennen, 'Positive Psychology in Cancer Care: Bad Science, Exaggerated Claims, and Unproven Medicine', *Annals of Behavioral Medicine*, 39.1 (2010), 16–26 <https://doi.org/10.1007/s12160-009-9154–z>.

40. Marino Pérez-Álvarez, 'The Science of Happiness: As Felicitous as It Is Fallacious', *Journal of Theoretical and Philosophical Psychology*, 36.1 (2016), 1–19 <https://doi.org/10.1037/teo0000030>; Luis Fernández-Ríos and Mercedes Novo, 'Positive Psychology : Zeitgeist (or Spirit of the Times) or Ignorance (or Disinformation) of History?', *International Journal of Clinical and Health Psychology*, 12.2 (2012), 333–44.

41. Ruth Whippman, 'Why Governments Should Stay Out of the Happiness Business', *Huffington Post*, 24 March 2016 <http://www.huffingtonpost.com/ruth-whippman/why-governments-should-st_b_9534232.html>.

42. Richard Layard, 'Happiness: Has Social Science a Clue? Lecture 1: What Is Happiness? Are We Getting Happier?', *Lionel Robbins Memorial Lecture Series* (London: London School of Economics and Political Science, 2003) <http://eprints.lse.ac.uk/47425/>.

43. Richard Layard, 'Happiness and Public Policy: A Challenge to the Profession', *The Economic Journal*, 116.510 (2006), C24–33 <https://doi.org/10.1111/j.1468-0297.2006.01073.x>, p. C24.

44. Richard A. Easterlin, 'Does Economic Growth Improve the Human Lot? Some Empirical Evidence', in *Nations and Households in Economic Growth: Essays in Honor of Moses Abramovitz*, ed. by Paul A. David and Melvin V. Reder (New York: Academic Press, 1974), pp. 89–125, p. 118.

45. Amos Tversky and Daniel Kahneman, 'The Framing of Decisions and the Psychology of Choice', *Science*, 211.4481 (1981), 453–58 <https://doi.org/10.1126/science.7455683>; Amos Tversky and Daniel Kahneman, 'Judgment under Uncertainty: Heuristics and Biases', *Science*, 185.4157 (1974), 1124–31 <https://doi.org/10.1126/science.185.4157.1124>.

46. Ed Diener, Ed Sandvik and William Pavot, 'Happiness Is the Frequency, Not the Intensity, of Positive versus Negative Affect', in *Subjective Well-Being: An Inter-Disciplinary Perspective*, ed. by Fritz Strack, Michael Argyle and Norbert Schwarz (Oxford: Pergamon Press, 1991), pp. 119–39 <https://doi.org/10.1007/978-90-481-2354-4_10>, p. 119.

47. Daniel Kahneman, Ed Diener, and Norbert Schwarz, eds., *Well- Being: The Foundations of Hedonic Psychology* (New York: Russell Sage Foundation, 1999).

48. Richard Layard and David M. Clark, *Thrive: The Power of Psychological Therapy* (London: Penguin, 2015).

49. Binkley, *Happiness as Enterprise*.

50. Naomi Klein, *The Shock Doctrine: The Rise of Disaster Capitalism* (New York:

Picador, 2008).

51. OECD, *OECD Guidelines on Measuring Subjective Well-Being* (Paris: OECD, 2013) <https://doi.org/10.1787/9789264191655–en>, p. 3.
52. Layard, 'Happiness: Has Social Science a Clue?'.
53. Richard Layard, *Happiness: Lessons from a New Science* (London: Allen, 2005), pp. 112–13, emphasis added.
54. Derek Bok, *The Politics of Happiness: What Government Can Learn from the New Research on Well-Being* (Princeton: Princeton University Press, 2010), p. 204.
55. Thomas H. Davenport and D. J. Patil, 'Data Scientist: The Sexiest Job of the 21st Century', *Harvard Business Review*, October 2012 <https:// hbr.org/2012/10/data-scientist-the-sexiest-job-of-the-21st-century/>.
56. Adam D. I. Kramer, Jamie E. Guillory and Jeffrey T. Hancock, 'Experimental Evidence of Massive-Scale Emotional Contagion through Social Networks', *Proceedings of the National Academy of Sciences*, 111.24 (2014), 8788–90 <https://doi.org/10.1073/pnas.1320040111>.
57. Sydney Lupkin, 'You Consented to Facebook's Social Experiment', *ABCNews*, 30 June 2014 <http://abcnews.go.com/Health/consented-facebooks-social-experiment/story?id=24368579>.
58. Robert Booth, 'Facebook Reveals News Feed Experiment to Control Emotions', *The Guardian*, 30 June 2014 <https://www.theguardian.com/technology/2014/jun/29/facebook-users-emotions-news-feeds>.
59. Wendy Nelson Espeland and Mitchell L. Stevens, 'A Sociology of Quantification', *European Journal of Sociology*, 49.3 (2008), 401–36.
60. Richard Layard and Gus O'Donnell, 'How to Make Policy When Happiness Is the Goal', in *World Happiness Report*, ed. by John F Halliwell, Richard Layard and Jeffrey Sachs (New York: Sustainable Development Solutions Network, 2015), pp. 76–87, p. 77.
61. Kirstie McCrum, 'What Exactly Does Happiness Cost? A Mere £7.6 Million Say Britons', *Mirror*, 15 May 2015 <http://www.mirror.co.uk/news/uk-news/what-exactly-happiness-cost-mere-5702003>.
62. Gallup, *State of the American Workplace: Employee Engagement Insights for U.S. Business Leaders* (Washington, DC: Gallup, 2013).
63. Luigino Bruni and Pier Luigi Porta, 'Introduction', in *Handbook on the Economics of Happiness*, ed. by Luigino Bruni and Pier Luigi Porta (Cheltenham: Edward Elgar, 2007), pp. xi–xxxvii; Bruno S. Frey and Alois Stutzer, *Happiness and Economics: How the Economy and Institutions Affect Human Well-Being* (Princeton: Princeton University Press, 2006).
64. Angner, 'Is it Possible to Measure Happiness?'
65. OECD, *Guidelines*, p. 23.

66. Norbert Schwarz, Bärbel Knäuper, Daphna Oyserman and Christine Stich, 'The Psychology of Asking Questions', in *International Handbook of Survey Methodology*, ed. by Edith D. de Leeuw, Joop J. Hox, and Don A. Dillman (New York: Taylor & Francis, 2008), pp. 18–36.
67. I. Ponocny, C. Weismayer, B. Stross and S. G. Dressler, '*Are* Most People Happy? Exploring the Meaning of Subjective Well-Being Ratings', *Journal of Happiness Studies*, 17.6 (2015), 2635–53 <https://doi.org/10.1007/s10902-015-9710-0>, p. 2651.
68. Alejandro Adler and Martin E. P. Seligman, 'Using Wellbeing for Public Policy: Theory, Measurement, and Recommendations', *International Journal of Wellbeing*, 6.1 (2016), 1–35 <https://doi.org/10.5502/ijw.v6i1.429>, p. 14.
69. Adler and Seligman, 'Using Wellbeing for Public Policy', p. 14.
70. Thomas Piketty, *Capital in the Twenty-First Century* (Cambridge, MA: Belknap Press, 2014); Joseph Stiglitz, *The Price of Inequality: How Today's Divided Society Endangers Our Future* (New York and London: W. W. Norton, 2013).
71. Jonathan Kelley and M. D. R. Evans, 'Societal Inequality and Individual Subjective Well-Being: Results from 68 Societies and over 200,000 Individuals, 1981–2008', *Social Science Research*, 62 (2017), 1–23 <https://doi.org/10.1016/j.ssresearch.2016.04.020>, p. 33.
72. Kelley and Evans, 'Societal Inequality and Individual Subjective Well-Being', p. 35.
73. Layard and O'Donnell, 'How to Make Policy', p. 79.
74. Davies, *Happiness Industry*.
75. Ashley Frawley, *Semiotics of Happiness: Rhetorical Beginnings of a Public Problem* (London and New York: Bloomsbury, 2015).

第 2 章　重新喚醒個人主義

1. Cabanas and Illouz, 'Making of a "Happy Worker"'; Cabanas and Illouz, 'Fit fürs Gluck'.
2. Jason Read, 'A Genealogy of Homo-Economicus: Neoliberalism and the Production of Subjectivity', *Foucault Studies*, 6 (2009), 25–36; David Harvey, *A Brief History of Neoliberalism* (New York: Oxford University Press, 2007).
3. Michèle Lamont, 'Toward a Comparative Sociology of Valuation and Evaluation', *Annual Review of Sociology*, 38.2 (2012), 1–21 <https://doi.org/10.1146/annurev-soc-070308-120022>.
4. Jean Baudrillard, *The Consumer Society: Myths and Structures* (London: SAGE, 1998).
5. Ulrich Beck, *Risk Society: Towards a New Modernity* (London: SAGE, 2000);

Luc Boltanski and Eve Chiapello, *The New Spirit of Capitalism* (London and New York: Verso, 2007) <https://doi.org/10.1007/s10767-006-9006-9>.

6. Eva Illouz, *Why Love Hurts: A Sociological Explanation* (Cambridge: Polity, 2012); Arlie Russell Hochschild, *The Managed Heart: Commercialization of Human Feeling* (Berkeley: University of California Press, 2003).
7. Illouz, *Saving the Modern Soul*; Illouz, *Cold Intimacies*.
8. Axel Honneth, 'Organized Self-Realization: Some Paradoxes of Individualization', *European Journal of Social Theory*, 7.4 (2004), 463–78 <https://doi.org/10.1177/1368431004046703>.
9. Nicole Aschoff, *The New Prophets of Capitalism* (London: Verso, 2015), p. 87.
10. Sara Ahmed, *The Promise of Happiness* (Durham, NC: Duke University Press, 2010).
11. Gilles Lipovetsky, *L'Ère du Vide: Essais sur l'Individualisme Contemporain* (Paris: Gallimard, 1983).
12. Michel Foucault, *The Birth of Biopolitics. Lectures at the Collège de France, 1978–1979* (Basingstoke: Palgrave Macmillan, 2008); Ulrich Beck and Elisabeth Beck-Gernsheim, *Individualization: Institutionalized Individualism and Its Social and Political Consequences* (London: SAGE, 2002); Anthony Giddens, *Modernity and Self-Identity* (Cambridge: Polity, 1991); Martin Hartmann and Axel Honneth, 'Paradoxes of Capitalism', *Constellations*, 2006 <http://onlinelibrary.wiley.com/doi/10.1111/j.1351–0487.2006.00439.x/full>.
13. Eduardo Crespo and José Celio Freire, 'La Atribución de Responsabilidad: De la Cognición al Sujeto', *Psicologia & Sociedade*, 26.2 (2014), 271–9.
14. Kenneth McLaughlin, 'Psychologization and the Construction of the Political Subject as Vulnerable Object', *Annual Review of Critical Psychology*, 8 (2010), 63–79.
15. Cabanas, 'Rekindling Individualism'.
16. Foucault, *Birth of Biopolitics*.
17. Held, 'Tyranny of the Positive Attitude'; Ehrenreich, *Smile or Die*; Binkley, *Happiness as Enterprise*; Davies, *Happiness Industry*; Cederström and Spicer, *Wellness Syndrome*.
18. Frank C. Richardson and Charles B. Guignon, 'Positive Psychology and Philosophy of Social Science', *Theory & Psychology*, 18.5 (2008), 605–27 <https://doi.org/10.1177/0959354308093398>; Christopher and Hickinbottom, 'Positive Psychology, Ethnocentrism'; Christopher et al., 'Thinking'; Becker and Marecek, 'Positive Psychology: History in the Remaking?'; Louise Sundararajan, 'Happiness Donut: A Confucian Critique of Positive Psychology', *Journal of Theoretical and Philosophical Psychology*, 25.1 (2005), 35–60; Sam Binkley, 'Psychological Life as Enterprise: Social Practice and the Government of Neo-Liberal Interiority', *History of the Human Sciences*, 24.3 (2011), 83–102 <https:// doi.

org/10.1177/0952695111412877>; Jeff Sugarman, 'Neoliberalism and Psychological Ethics', *Journal of Theoretical and Philosophical Psychology*, 35.2 (2015) <https://doi.org/10.1037/a0038960>, 103–16; Ehrenreich, *Smile or Die*; Binkley, *Happiness as Enterprise*.

19. Cabanas, 'Rekindling Individualism, Consuming Emotions'; Cabanas, 'Positive Psychology and the Legitimation of Individualism'.
20. Nikolas Rose, *Inventing Our Selves: Psychology, Power and Personhood* (London: Cambridge University Press, 1998); Ron Roberts, *Psychology and Capitalism: The Manipulation of Mind* (Alresford: Zero Books, 2015).
21. Seligman, *Authentic Happiness*, p. 303.
22. Seligman, *Authentic Happiness*, p. 303.
23. Sundararajan, 'Happiness Donut'; Ahmed, *Promise of Happiness*.
24. Seligman, *Authentic Happiness*, p. 129.
25. Cabanas, 'Positive Psychology and the Legitimation of Individualism'.
26. William Tov and Ed Diener, 'Culture and Subjective Well-Being', in *Culture and Well-Being: The Collected Works of Ed Diener*, ed. by Ed Diener (London and New York: Springer, 2009), pp. 9–42; Ruut Veenhoven, 'Quality-of-Life in Individualistic Society', *Social Indicators Research*, 48.2 (1999), 159–88; Ruut Veenhoven, 'Life Is Getting Better: Societal Evolution and Fit with Human Nature', *Social Indicators Research*, 97.1 (2010), 105–22 <https://doi.org/10.1007/s11205-009-9556-0>; Seligman, *Flourish*; William Tov and Ed Diener, 'The Well-Being of Nations: Linking Together Trust, Cooperation, and Democracy', in *The Science of Well-Being: The Collected Works of Ed Diener*, ed. by Ed Diener (London and New York: Springer, 2009), pp. 155–73; Ed Diener, 'Subjective Well-Being: The Science of Happiness and a Proposal for a National Index', *American Psychologist*, 55 (2000), 34–43.
27. Robert Biswas-Diener, Joar Vittersø and Ed Diener, 'Most People Are Pretty Happy, but There Is Cultural Variation: The Inughuit, the Amish, and the Maasai', in *Culture and Well-Being: The Collected Works of Ed Diener*, ed. by Ed Diener (London and New York: Springer, 2009), pp. 245–60; Ed Diener, 'Introduction – The Science of Well-Being: Reviews and Theoretical Articles by Ed Diener', in *The Science of Well- Being: The Collected Works of Ed Diener*, ed. by Ed Diener (London and New York: Springer, 2009), pp. 1–10; Ulrich Schimmack, Shigehiro Oishi and Ed Diener, 'Individualism: A Valid and Important Dimension of Cultural Differences Between Nations', *Personality and Social Psychology Review*, 9.1 (2005), 17–31 <https://doi.org/10.1207/s15327957pspr0901_2>; Tov and Diener, 'Culture and Subjective Well-Being'.
28. Ed Diener, Marissa Diener and Carol Diener, 'Factors Predicting the Subjective Well-Being of Nations', in *Culture and Well-Being: The Collected Works of Ed Diener*, ed. by Ed Diener (London and New York: Springer, 2009), pp. 43–70, p.

67.

29. Ed Diener and Martin E. P. Seligman, 'Very Happy People', *Psychological Science*, 13 (2002), 81–84 <https://doi.org/10.1111/1467-9280.00415>; Seligman, *Flourish*; Veenhoven, 'Quality-of-Life in Individualistic Society'; Veenhoven, 'Life Is Getting Better', p. 120.
30. Shigehiro Oishi, 'Goals as Cornerstones of Subjective Well-Being', in *Culture and Subjective Well-Being*, ed. by Ed Diener and Eunkook M. Suh (Cambridge, MA: MIT Press, 2000), pp. 87–112.
31. Liza G. Steele and Scott M. Lynch, 'The Pursuit of Happiness in China: Individualism, Collectivism, and Subjective Well-Being During China's Economic and Social Transformation', *Social Indicators Research*, 114.2 (2013), 441–51 <https://doi.org/10.1007/s11205-012-0154-1>.
32. Aaron C. Ahuvia, 'Individualism/Collectivism and Cultures of Happiness: A Theoretical Conjecture on the Relationship between Consumption, Culture and Subjective Well-Being at the National Level', *Journal of Happiness Studies*, 3.1 (2002), 23–36 <https://doi.org/10.1023/A:1015682121103>.
33. Ronald Fischer and Diana Boer, 'What Is More Important for National Well-Being: Money or Autonomy? A Meta-Analysis of Well-Being, Burnout, and Anxiety across 63 Societies', *Journal of Personality and Social Psychology*, 101.1 (2011), 164–84 <https://doi.org/10.1037/a0023663>, p. 164.
34. Navjot Bhullar, Nicola S. Schutte and John M. Malouff, 'Associations of Individualistic–Collectivistic Orientations with Emotional Intelligence, Mental Health, and Satisfaction with Life: A Tale of Two Countries', *Individual Differences Research*, 10.3 (2012), 165–75; Ki-Hoon Jun, 'Re-Exploration of Subjective Well-Being Determinants: Full-Model Approach with Extended Cross-Contextual Analysis', *International Journal of Wellbeing*, 5.4 (2015), 17–59 <https://doi.org/10.5502/ijw.v5i4.405>.
35. William Pavot and Ed Diener, 'The Satisfaction With Life Scale and the Emerging Construct of Life Satisfaction', *The Journal of Positive Psychology*, 3.2 (2008), 137–52 <https://doi.org/10.1080/17439760701756946>; Ed Diener, Robert A. Emmons, Randy J. Larsen and Sharon Griffin, 'The Satisfaction With Life Scale', *Journal of Personality Assessment*, 49.1 (1985), 71–5 <https://doi.org/10.1207/s15327752jpa4901_13>.
36. Seligman, *Authentic Happiness*.
37. Seligman, *Authentic Happiness*, p. 58.
38. Seligman, *Authentic Happiness*, p. 55.
39. Seligman, *Authentic Happiness*, p. 50.
40. Sonja Lyubomirsky, *The How of Happiness: A Scientific Approach to Getting the Life You Want* (New York: Penguin, 2007), p. 22.
41. Ehrenreich, *Smile or Die*, p. 172.

42. Layard, *Happiness: Lessons from a New Science*.
43. Layard, 'Happiness: Has Social Science a Clue?'
44. Daniel Kahneman and Angus Deaton, 'High Income Improves Evaluation of Life but Not Emotional Well-Being', *Proceedings of the National Academy of Sciences*, 107.38 (2010), 16489–93 <https://doi.org/10.1073/pnas.1011492107>.
45. Betsey Stevenson and Justin Wolfers, 'Subjective Well-Being and Income: Is There Any Evidence of Satiation?', *American Economic Review*, 103.3 (2013), 598–604 <https://doi.org/10.3386/w18992>, p. 604.
46. Betsey Stevenson and Justin Wolfers, 'Economic Growth and Subjective Well-Being: Reassessing the Easterlin Paradox', *Brookings Papers on Economic Activity*, 39.1 (2008), 1–102, p. 2.
47. Stevenson and Wolfers, 'Economic Growth and Subjective Well-Being', p. 2.
48. Stevenson and Wolfers, 'Economic Growth and Subjective Well-Being', p. 1.
49. Stevenson and Wolfers, 'Economic Growth and Subjective Well-Being', p. 29.
50. Dana Becker and Jeanne Marecek, 'Dreaming the American Dream: Individualism and Positive Psychology', *Social and Personality Psychology Compass*, 2.5 (2008), 1767–80 <https://doi.org/10.111 1/j.1751-9004.2008.00139.x>, p. 1771.
51. Amir Mandel, 'Why Nobel Prize Winner Daniel Kahneman Gave Up on Happiness', *Haaretz*, 3 October 2018 <https://www.haaretz.com/israel-news/.premium.MAGAZINE-why-nobel-prize-winner-daniel-kahneman-gave-up-on-happiness-1.6528513?=&utm_campaign=newsletter-daily&utm_medium=email&utm_source=smartfocus&utm_content=https%253A%252F%252Fwww.haaretz.com%252Fisrael-n>.
52. Lyubomirsky, *How of Happiness*, p. 21.
53. Carmelo Vázquez, 'El Bienestar de Las Naciones', in *La Ciencia Del Bienestar. Fundamentos de Una Psicología Positiva*, ed. by Carmelo Vázquez and Gonzalo Hervás (Madrid: Alianza Editorial, 2009), pp. 75–102, p. 131.
54. Seligman, *Authentic Happiness*.
55. Jason Mannino, 'How To Care for Yourself in Times of Crisis', *Huffpost*, 17 November 2011 <https://www.huffingtonpost.com/jason-mannino/how-to-care-for-yourself_b_170438.html>.
56. Heinrich Geiselberger, ed., *The Great Regression* (Cambridge: Polity, 2017).
57. Christopher Lasch, *The Minimal Self: Psychic Survival in Troubled Times* (New York and London: W. W. Norton, 1984), p. 174.
58. Isaiah Berlin, *Four Essays on Liberty* (Oxford: Oxford University Press, 1968), p. 139.
59. Jack M. Barbalet, *Emotion, Social Theory, and Social Structure: A Macrosociological Approach* (Cambridge: Cambridge University Press, 2004), p. 174.
60. 從2008年以來，生存主義（survivalism）在全球掀起熱潮，是另一個極端但具指標性的現象。生存主義仰賴的是一種高度個人主義的心理。個人持續

為社會崩潰和最糟情況做自給自足和單人求生的準備，每個人都得自謀生路。雖然生存主義不是什麼新觀念，但在過去十年來，這個風潮已從原本盛行於一地的個人興趣（特別是在美國）演變為一種生活風格，並與快速成長的生存主義者產業共生共榮（Neil Howe, 'How Millennials Are Reshaping the Survivalism Industry', *Financial Sense*, 12 December 2016 <https://www.financialsense.com/neil-howe/how-millennials-reshaping-survivalism-industry>）。從2008年以來，生存遊戲電視真人秀以及相關的好萊塢電影和心理自助書籍也如雨後春筍般激增。比方電視實境秀《荒野求生密技》（*Born Survivor*）全球收視人數約達十二億人，已是全世界觀看人數最多的電視節目之一。此外，跟1990年代相較，2010年代推出的喪屍類、求生類電影數量增加四倍。（Zachary Crockett and Javier Zarracina, 'How the Zombie Represents America's Deepest Fears', *Vox* 31 October 2016 <https://www.vox.com/policy-andpolitics/2016/10/31/13440402/zombie-political-history>。丹尼爾・內林（Daniel Nehring）和其同事深入分析近年來生存主義成為心理自助類書籍主要主題的現象。他們認為，在生存主義、冒險和存活方針的概念背後，這類生存者自助書籍提供的是一種個人主義式願景（強調個人成就、內省和追求個人夢想的重要性），以及「應付社會壓力、從中倖存下來或脫身」的簡單策略。（Daniel Nehring, Emmanuel Alvarado, Eric C. Hendricks and Dylan Kerrigan, *Transnational Popular Psychology and the Global Self-Help Industry: The Politics of Contemporary Social Change* (New York: Palgrave Macmillan, 2016), p. 4）

61. Michèle Lamont, 'Trump's Triumph and Social Science Adrift . . . What Is to Be Done?', *American Sociological Association*, 2016 <http://www. asanet.org/trumps-triumph-and-social-science-adrift-what-be-done>, p. 8.
62. Illouz, *Saving the Modern Soul*, p. 2.
63. Cabanas, 'Positive Psychology and the Legitimation of Individualism'.
64. Emma Seppälä, 'Secrets of a Happier Life', in *The Science of Happiness: New Discoveries for a More Joyful Life* (New York: TIME, 2016), pp. 11–17, p. 13.
65. Ellen Seidman, 'Fourteen Ways to Jump for Joy', in *The Science of Happiness: New Discoveries for a More Joyful Life* (New York: TIME, 2016), pp. 34–41, p. 37.
66. Seppälä, 'Secrets of a Happier Life', p. 16.
67. Kate Pickert, 'The Art of Being Present', in *The Science of Happiness: New Discoveries for a More Joyful Life* (New York: TIME, 2016), pp. 71–9, p. 77.
68. Traci Pedersen, 'Mindfulness May Ease Depression, Stress in Poor Black Women', *PsychCentral*, 2016 <https://psychcentral.com/news/2016/08/18/mindfulness-may-ease-depression-stress-in-poor-black-women/108727.html>.
69. Olga R. Sanmartín, '"Mindfulness" en el Albergue: Un Consuelo para los "Sintecho"', *El Mundo*, 7 January 2016 <http://www.elmundo.es/sociedad/2016/01/07/567d929a46163fa0578b465d.html>.

70. Cabanas, 'Positive Psychology and the Legitimation of Individualism'.

71. Jen Wieczner, 'Meditation Has Become a Billion-Dollar Business', *Fortune*, 12 March 2016 <http://fortune.com/2016/03/12/meditation-mindfulness-apps/>.

72. Miguel Farias and Catherine Wikholm, *The Buddah Pill: Can Meditation Change You?* (London: Watkins, 2015).

73. Cabanas, 'Positive Psychology and the Legitimation of Individualism'.

74. Ad Bergsma and Ruut Veenhoven, 'The Happiness of People with a Mental Disorder in Modern Society', *Psychology of Well-Being: Theory, Research and Practice*, 1.2 (2011), 1–6 <https://doi.org/10.1186/2211-1522-1-2>, p. 2.

75. Seligman, *Flourish*; Veenhoven, 'Life Is Getting Better'; Veenhoven, 'Quality-of-Life in Individualistic Society'; Diener and Seligman, 'Very Happy People'.

76. Brandon H. Hidaka, 'Depression as a Disease of Modernity: Explanations for Increasing Prevalence', *Journal of Affective Disorders*, 140.3 (2012), 205–14 <https://doi.org/10.1016/j.jad.2011.12.036>; Ethan Watters, *Crazy Like Us: The Globalization of the American Psyche* (New York and London: Free Press, 2010); Richard Eckersley, 'Is Modern Western Culture a Health Hazard?', *International Journal of Epidemiology*, 35.2 (2005), 252–8 <https://doi.org/10.1093/ije/dyi235>; Allan Horwitz and Jerome C. Wakefield, 'The Age of Depression', *Public Interest*, 158 (2005), 39–58; Robert Whitaker, *Anatomy of an Epidemic: Magic Bullets, Psychiatric Drugs, and the Astonishing Rise of Mental Illness in America* (New York: Crown, 2010); Lasch, *Minimal Self*; James L. Nolan, Jr., *The Therapeutic State: Justifying Government at Century's End* (New York: New York University Press, 1998); Ann Cvetkovich, *Depression: A Public Feeling* (Durham, NC: Duke University Press, 2012).

77. Robert D. Putnam, *Bowling Alone: The Collapse and Revival of American Community* (New York: Simon and Schuster, 2000).

78. Peter Walker, 'May Appoints Minister to Tackle Loneliness Issues Raised by Jo Cox', *The Guardian*, 16 January 2018 <https://www.the guardian.com/society/2018/jan/16/may-appoints-minister-tackle-loneliness-issues-raised-jo-cox>.

79. Anushka Asthana, 'Loneliness Is a "Giant Evil" of Our Time, Says Jo Cox Commission', *The Guardian*, 10 December 2017 <https://www. theguardian.com/society/2017/dec/10/loneliness-is-a-giant-evil-of-our-time-says-jo-cox-commission>.

80. Charles Taylor, *Sources of the Self: The Making of the Modern Identity* (Cambridge, MA: Harvard University Press, 1989).

81. Ashis Nandy, *Regimes of Narcissism, Regimes of Despair* (New Delhi: Oxford University Press, 2013), p. 176.

82. Cederström and Spicer, *Wellness Syndrome*; Frawley, *Semiotics of Happiness*; Barbara S. Held, 'The "Virtues" of Positive Psychology', *Journal of Theoretical and Philosophical Psychology*, 25.1 (2005), 1–34 <https://doi.org/10.1037/h0091249>; Alenka Zupančič, *The Odd One In* (Cambridge, MA: MIT Press,

2008).

83. Illouz, *Saving the Modern Soul.*

84. Iris B. Mauss, Maya Tamir, Craig L. Anderson and Nicole S. Savino, 'Can Seeking Happiness Make People Unhappy? Paradoxical Effects of Valuing Happiness', *Emotion*, 11.4 (2011), 807–15 <https://doi.org/10.1037/a0022010>.

85. Paul Rose and Keith W. Campbell, 'Greatness Feels Good: A Telic Model of Narcissism and Subjective Well-Being', *Advances in Psychology Research*, 31 (2004), 3–26; Hillary C. Devlin, Jamil Zaki, Desmond C. Ong and June Gruber, 'Not As Good as You Think? Trait Positive Emotion Is Associated with Increased Self-Reported Empathy but Decreased Empathic Performance', ed. by Marco Iacoboni, *PLoS ONE*, 9.10 (2014), e110470 <https://doi.org/10.1371/journal.pone.0110470>; Joseph P. Forgas, 'Don't Worry, Be Sad! On the Cognitive, Motivational, and Interpersonal Benefits of Negative Mood', *Current Directions in Psychological Science*, 22.3 (2013), 225–32 <https://doi.org/10.1177/0963721412474458>; Jessica L. Tracy and Richard W. Robins, 'The Psychological Structure of Pride: A Tale of Two Facets', *Journal of Personality and Social Psychology*, 92.3 (2007), 506–25 <https://doi.org/10.1037/0022-3514.92.3.506>.

86. Marino Pérez-Álvarez, 'Reflexividad, Escritura y Génesis del Sujeto Moderno', *Revista de Historia de la Psicología*, 36.1 (2015), 53–90.

87. Frawley, *Semiotics of Happiness*; Frank Furedi, 'From the Narrative of the Blitz to the Rhetoric of Vulnerability', *Cultural Sociology*, 1.2 (2007), 235–54 <https://doi.org/10.1177/1749975507078189>; Frank Furedi, *Therapy Culture: Cultivating Vulnerability in an Uncertain Age* (London: Routledge, 2004).

88. Gilles Lipovetsky, *La Felicidad Paradójica* (Barcelona: Editorial Anagrama, 2007).

89. Robert A. Cummins and Helen Nistico, 'Maintaining Life Satisfaction: The Role of Positive Cognitive Bias', *Journal of Happiness Studies*, 3.1 (2002), 37–69 <https://doi.org/10.1023/A:1015678915305>; Adrian J. Tomyn and Robert A. Cummins, 'Subjective Wellbeing and Homeostatically Protected Mood: Theory Validation With Adolescents', *Journal of Happiness Studies*, 12.5 (2011), 897–914 <https://doi.org/10.1007/s10902-010-9235-5>.

90. Bergsma and Veenhoven, 'Happiness of People with a Mental Disorder'; Veenhoven, 'Life Is Getting Better'.

91. Vázquez, 'El Bienestar de las Naciones'; Seligman, *Flourish*; Seligman, *Authentic Happiness*.

92. Seligman, *Flourish*, p. 164.

93. Global Happiness Council, *Global Happiness Policy Report 2018* (New York: GHC, 2018) <https://s3.amazonaws.com/ghc-2018/GlobalHappinessPolicyReport2018.pdf>, p. 69.

94. Jack Martin and Anne-Marie McLellan, *The Education of Selves: How Psychology Transformed Students* (New York: Oxford University Press, 2013).
95. British Columbia Ministry of Education, 2008, *Career Planning*, as quoted in Sugarman, 'Neoliberalism and Psychological Ethics', p. 112.
96. http://www.ipositive-education.net/movement/
97. Global Happiness Council, *Global Happiness Policy Report.*
98. Richard Layard and Ann Hagell, 'Healthy Young Minds: Transforming the Mental Health of Children', in *World Happiness Report*, ed. by John Helliwell, Richard Layard and Jeffrey Sachs (New York: Sustainable Development Solutions Network, 2015), pp. 106–30.
99. Martin E. P. Seligman, Randal M. Ernst, Jane Gillham, Karen Reivich and Mark Linkins, 'Positive Education: Positive Psychology and Classroom Interventions', *Oxford Review of Education*, 35.3 (2009), 293–311 <https://doi.org/10.1080/03054980902934563>, p. 295.
100. Mark T. Greenberg, Roger P. Weissberg, Mary Utne O'Brien, Joseph E. Zins, Linda Fredericks, Hank Resnik and others, 'Enhancing School- Based Prevention and Youth Development through Coordinated Social, Emotional, and Academic Learning', *American Psychologist*, 58.6–7 (2003), 466–74 <https://doi.org/10.1037/0003-066X.58.6-7.466>.
101. Karen Reivich, Jane E. Gillham, Tara M. Chaplin and Martin E. P. Seligman, 'From Helplessness to Optimism: The Role of Resilience in Treating and Preventing Depression in Youth', in *Handbook of Resilience in Children*, ed. by Sam Goldstein and Robert B. Brooks (New York: Kluwer Academic/Plenum, 2005), pp. 223–37.
102. Lea Waters, 'A Review of School-Based Positive Psychology Interventions', *The Australian Educational and Developmental Psychologist*, 28.2 (2011), 75–90 <https://doi.org/10.1375/aedp. 28.2.75>; Seligman, *Flourish.*
103. e.g., Kathryn Ecclestone and Dennis Hayes, *The Dangerous Rise of Therapeutic Education* (London and New York: Routledge, 2009).
104. Alison L. Calear, Helen Christensen, Andrew Mackinnon, Kathleen M. Griffiths and Richard O'Kearney, 'The YouthMood Project: A Cluster Randomized Controlled Trial of an Online Cognitive Behavioral Program with Adolescents', *Journal of Consulting and Clinical Psychology*, 77.6 (2009), 1021–32 <https://doi.org/10.1037/a0017391>.
105. Patricia C. Broderick and Stacie Metz, 'Learning to BREATHE: A Pilot Trial of a Mindfulness Curriculum for Adolescents', *Advances in School Mental Health Promotion*, 2.1 (2009), 35–46 <https://doi.org/10.1080/1754730X.2009.9715696>.
106. Cabanas, '"Psytizens", or the Construction of Happy Individuals'.
107. Ecclestone and Hayes, *Dangerous Rise.*

108. Ecclestone and Hayes, *Dangerous Rise*, p. 164.
109. Neil J. Smelser, 'Self-Esteem and Social Problems: An Introduction', in *The Social Importance of Self-Esteem*, ed. by Andrew M. Mecca, Neil J. Smelser and John Vaconcellos (Berkeley: University of California Press, 1989), pp. 1–23, p. 1.
110. Nathaniel Branden, 'In Defense of Self', *Association for Humanistic Psychology*, August–September (1984), 12–13, p. 12.
111. Roy F. Baumeister, Jennifer D. Campbell, Joachim I. Krueger and Kathleen D. Vohs, 'Does High Self-Esteem Cause Better Performance, Interpersonal Success, Happiness, or Healthier Lifestyles?', *Psychological Science in the Public Interest*, 4.1 (2003), 1–44 <https://doi.org/10.1111/1529-1006.01431>, p. 1.
112. Baumeister et al., 'Does High Self-Esteem Cause Better Performance', p. 3.
113. Neil Humphrey, Ann Lendrum and Michael Wigelsworth, *Social and Emotional Aspects of Learning (SEAL) Programme in Secondary School: National Evaluation* (London: Department for Education, 2010), p. 2.
114. Leslie M. Gutman and Ingrid Schoon, *The Impact of Non-Cognitive Skills on Outcomes for Young People: Literature Review* (London: Institute of Education, University of London, 2013) <https://educationendowmentfoundation.org.uk/public/files/Publications/EEFLitReviewNon-CognitiveSkills.pdf>, p. 10.
115. Kathryn Ecclestone, 'From Emotional and Psychological Well-Being to Character Education: Challenging Policy Discourses of Behavioural Science and "Vulnerability"', *Research Papers in Education*, 27.4 (2012), 463–80 <https://doi.org/10.1080/02671522.2012.690241>, p. 476.
116. Kristján Kristjánsson, *Virtues and Vices in Positive Psychology: A Philosophical Critique* (New York: Cambridge University Press, 2013).
117. Sugarman, 'Neoliberalism and Psychological Ethics', p. 115.

第 3 章　保持正向

1. Ehrenreich, *Smile or Die*.
2. Cabanas and Sánchez-González, 'Inverting the Pyramid of Needs'.
3. Kurt Danziger, *Naming the Mind: How Psychology Found Its Language* (London: SAGE, 1997); Roger Smith, *The Norton History of the Human Sciences* (New York: W. W. Norton, 1997).
4. Abraham H. Maslow, *Motivation and Personality* (New York: Harper & Row, 1970), p. 7.
5. Cabanas and Sánchez-González, 'Inverting the Pyramid of Needs.'.
6. Daniel Wren, *The Evolution of Management Thought* (Hoboken: John Wiley & Sons, 1994).
7. William G. Scott, *Organizational Theory: A Behavioral Analysis for Management*

(Willowbrook: Richard D. Irwin, 1967).

8. Boltanski and Chiapello, *New Spirit of Capitalism.*
9. Maslow, *Motivation and Personality.*
10. Zygmunt Bauman, *The Individualized Society* (Cambridge: Polity, 2001); Beck, *Risk Society.*
11. Richard Sennett, *The Corrosion of Character: The Personal Consequences of Work in the New Capitalism* (New York: W. W. Norton, 1998).
12. Boltanski and Chiapello, *New Spirit of Capitalism* .
13. Bob Aubrey, quoted in Boltanski and Chiapello, *New Spirit of Capitalism*, p. 185.
14. Richard Sennett, *The Culture of the New Capitalism* (New Haven: Yale University Press, 2006); Boltanski and Chiapello, *New Spirit of Capitalism.*
15. Michael Daniels, 'The Myth of Self-Actualization', *Journal of Humanistic Psychology*, 28.1 (1988), 7–38 <https://doi.org/10.1177/0022167888281002>; Andrew Neher, 'Maslow's Theory of Motivation: A Critique', *Journal of Humanistic Psychology*, 31.3 (1991), 89–112 <https://doi.org/10.1177/0022167891313010>.
16. Edgar Cabanas and Juan Antonio Huertas, 'Psicología Positiva y Psicología Popular de la Autoayuda: Un Romance Histórico, Psicológico y Cultural', *Anales de Psicologia*, 30.3 (2014), 852–64 <https://doi.org/10.6018/analesps.30.3.169241>; Edgar Cabanas and José Carlos Sánchez-González, 'The Roots of Positive Psychology', *Papeles del Psicólogo*, 33.3 (2012), 172–82; García, Cabanas and Loredo, 'La Cura Mental de Phineas P. Quimby'.
17. Cabanas and Illouz, 'Making of a "Happy Worker"'; Illouz, *Saving the Modern Soul.*
18. Cabanas and Sánchez-González, 'Inverting the Pyramid of Needs'.
19. Cabanas and Sánchez-González, 'Inverting the Pyramid of Needs'.
20. Julia K. Boehm and Sonja Lyubomirsky, 'Does Happiness Promote Career Success?', *Journal of Career Assessment*, 16.1 (2008), 101–16 <https://doi.org/10.1177/1069072707308140>, p. 101.
21. Olivier Herrbach, 'A Matter of Feeling? The Affective Tone of Organizational Commitment and Identification', *Journal of Organizational Behavior*, 27 (2006), 629–43 <https://doi.org/10.1002/job.362>; Remus Ilies, Brent A. Scott and Timothy A. Judge, 'The Interactive Effects of Personal Traits and Experienced States on Intraindividual Patterns of Citizenship Behavior', *Academy of Management Journal*, 49 (2006), 561–75 <https://doi.org/10.5465/AMJ.2006.21794672>; Carolyn M. Youssef and Fred Luthans, 'Positive Organizational Behavior in the Workplace: The Impact of Hope, Optimism, and Resilience', *Journal of Management*, 33.5 (2007), 774–800 <https://doi.org/10.1177/0149206307305562>.
22. Robert A. Baron, 'The Role of Affect in the Entrepreneurial Process', *Academy of Management Review*, 33.2 (2008), 328–40; Robert J. Baum, Michael Frese and Robert A. Baron, eds., *The Psychology of Entrepreneurship* (New York: Taylor &

Francis, 2007); Ed Diener, Carol Nickerson, Richard E. Lucas and Ed Sandvik, 'Dispositional Affect and Job Outcomes', *Social Indicators Research*, 59 (2002), 229–59 <https://doi.org/10.1023/A:1019672513984>; Katariina Salmela-Aro and Jari-Erik Nurmi, 'Self-Esteem during University Studies Predicts Career Characteristics 10 Years Later', *Journal of Vocational Behavior*, 70 (2007), 463–77 <https://doi.org/10.1016/j.jvb.2007.01.006>; Carol Graham, Andrew Eggers and Sandip Sukhtankar, 'Does Happiness Pay? An Exploration Based on Panel Data from Russia', *Journal of Economic Behavior and Organization*, 55 (2004), 319–42 <https://doi.org/10.1016/j. jebo.2003.09.002>.

23. Timothy A. Judge and Charlice Hurst, 'How the Rich (and Happy) Get Richer (and Happier): Relationship of Core Self-Evaluations to Trajectories in Attaining Work Success', *Journal of Applied Psychology*, 93.4 (2008), 849–63 <https://doi.org/10.1037/0021-9010.93.4.849>.
24. Ed Diener, 'New Findings and Future Directions for Subjective Well-Being Research', *American Psychologist*, 67.8 (2012), 590–97 <https://doi.org/10.1037/a0029541>, p. 593.
25. Shaw Achor, *The Happiness Advantage* (New York: Random House, 2010), p. 4.
26. Michel Feher, 'Self-Appreciation; or, The Aspirations of Human Capital', *Public Culture*, 21.1 (2009), 21–41 <https://doi.org/10.1215/08992363-2008-019>.
27. Fred Luthans, Carolyn M. Youssef and Bruce J. Avolio, *Psychological Capital: Developing the Human Competitive Edge* (New York: Oxford University Press, 2007); Alexander Newman, Deniz Ucbasaran, Fei Zhu and Giles Horst, 'Psychological Capital: A Review and Synthesis', *Journal of Organizational Behavior*, 35.S1 (2014), S120–38 <https://doi.org/10.1002/job.1916>.
28. Jessica Pryce-Jones, *Happiness at Work: Maximizing Your Psychological Capital for Success* (Chichester: John Wiley & Sons, 2010), p. ix.
29. Tim Smedley, 'Can Happiness Be a Good Business Strategy?', *The Guardian*, 20 June 2012 <https://www.theguardian.com/sustainable-business/happy-workforce-business-strategy-wellbeing>.
30. Pryce-Jones, *Happiness at Work*, pp. 28–9.
31. James B. Avey, Rebecca J. Reichard, Fred Luthans and Ketan H. Mhatre, 'Meta-Analysis of the Impact of Positive Psychological Capital on Employee Attitudes, Behaviors, and Performance', *Human Resource Development Quarterly*, 22.2 (2011), 127–52 <https://doi.org/10.1002/hrdq.20070>.
32. Youssef and Luthans, 'Positive Organizational Behavior in the Workplace'.
33. Cabanas and Illouz, 'Making of a "Happy Worker"'; Cabanas and Illouz, 'Fit fürs Gluck'.
34. Eeva Sointu, 'The Rise of an Ideal: Tracing Changing Discourses of Wellbeing', *The Sociological Review*, 53.2 (2005), 255–74 <https://doi.org/10.1111/j.1467-954X.2005.00513.x>.

35. Arnold B. Bakker and Wilmar B. Schaufeli, 'Positive Organizational Behavior: Engaged Employees in Flourishing Organizations', *Journal of Organizational Behavior*, 29.2 (2008), 147–54 <https://doi.org/10.1002/ job.515>; Thomas A. Wright, 'Positive Organizational Behavior: An Idea Whose Time Has Truly Come', *Journal of Organizational Behavior*, 24.4 (2003), 437–42 <https://doi. org/10.1002/job.197>.

36. Gerard Zwetsloot and Frank Pot, 'The Business Value of Health Management', *Journal of Business Ethics*, 55.2 (2004), 115–24 <https:// doi.org/10.1007/s10551-004-1895-9>.

37. Joshua Cook, 'How Google Motivates Their Employees with Rewards and Perks', 2012 <https://hubpages.com/business/How-Google-Motivates-their-Employees-with-Rewards-and-Perks>.

38. Robert Biswas-Diener and Ben Dean, *Positive Psychology Coaching: Putting the Science of Happiness to Work for Your Clients* (Hoboken: John Wiley & Sons, 2007)., p. 190.

39. Biswas-Diener and Dean, *Positive Psychology Coaching*, pp. 195–6.

40. Micki McGee, *Self-Help, Inc.: Makeover Culture in American Life* (New York: Oxford University Press, 2005).

41. P. Alex Linley and George W. Burns, 'Strengthspotting: Finding and Developing Client Resources in the Management of Intense Anger', in *Happiness, Healing, Enhancement: Your Casebook Collection for Applying Positive Psychology in Therapy*, ed. by George W. Burns (Hoboken: John Wiley & Sons, 2010), pp. 3–14; Peterson and Seligman, *Character Strengths and Virtues*.

42. Angel Martínez Sánchez, Manuela Pérez Pérez, Pilar de Luis Carnicer and Maria José Vela Jiménez, 'Teleworking and Workplace Flexibility: A Study of Impact on Firm Performance', *Personnel Review*, 36.1 (2007), 42–64 <https://doi. org/10.1108/00483480710716713>, p. 44.

43. Gabe Mythen, 'Employment, Individualization and Insecurity: Rethinking the Risk Society Perspective', *The Sociological Review*, 53.1 (2005), 129–49 <https:// doi.org/10.1111/j.1467-954X.2005.00506.x>.

44. Cabanas and Illouz, 'Making of a "Happy Worker"'; Cabanas and Illouz, 'Fit fürs Gluck'.

45. Louis Uchitelle and N. R. Kleinfield, 'On the Battlefields of Business, Millions of Casualties', *The New York Times*, 3 March 1996 <http://www. nytimes.com>.

46. Eduardo Crespo and María Amparo Serrano-Pascual, 'La Psicologización del Trabajo: La Desregulación del Trabajo y el Gobierno de las Voluntades', *Teoría y Crítica de La Psicología*, 2 (2012), 33–48.

47. European Commission, *Towards Common Principles of Flexicurity: More and Better Jobs through Flexibility and Security*, COM(2007) 359 (Brussels: EC, 2007), p. 5.

48. Sennett, *Corrosion of Character*.

49. Fred Luthans, Gretchen. .R. Vogelgesang and Paul B. Lester, 'Developing the Psychological Capital of Resiliency', *Human Resource Development Review*, 5.1 (2006), 25–44 <https://doi.org/10.1177/1534484305285335>.

50. Debra Jackson, Angela Firtko and Michel Edenborough, 'Personal Resilience as a Strategy for Surviving and Thriving in the Face of Workplace Adversity: A Literature Review', *Journal of Advanced Nursing*, 60.1 (2007), 1–9 <https://doi.org/10.1111/j.1365-2648.2007.04412.x>.

51. https://www.bls.gov/

52. http://ec.europa.eu/eurostat/statistics-explained/index.php/Employment_statistics

53. https://blog.linkedin.com/2016/04/12/will-this-year_s-college-grads-job-hop-more-than-previous-grads

54. Alison Doyle, 'How Often Do People Change Jobs?', *The Balance*, 1 May 2017 <https://www.thebalance.com/how-often-do-people-change-jobs-2060467>.

55. Romain Felli, 'The World Bank's Neoliberal Language of Resilience', in *Risking Capitalism*, ed. by Susanne Soederberg (Bingley: Emerald Group, 2016), pp. 267–95.

56. Salvatore R. Maddi and Deborah M. Khoshaba, *Resilience at Work: How to Succeed No Matter What Life Throws at You* (New York: American Management Association, 2005), p. 1.

57. Peter Greer and Chris Horst, *Entrepreneurship for Human Flourishing* (Washington, DC: American Enterprise Institute for Public Policy Research, 2014).

58. http://blog.approvedindex.co.uk/2015/06/25/map-entrepreneurship-around-the-world/

59. Cabanas and Illouz, 'Making of a "Happy Worker"'; Cabanas and Illouz, 'Fit fürs Gluck'.

60. Charles S. Carver, Michael F. Scheier and Suzanne C. Segerstrom, 'Optimism', *Clinical Psychology Review*, 30.7 (2010), 879–89 <https://doi.org/10.1016/j.cpr.2010.01.006>; Robert Weis, 'You Want Me to Fix It? Using Evidence-Based Interventions to Instill Hope in Parents and Children', in *Happiness, Healing, Enhancement: Your Casebook Collection for Applying Positive Psychology in Therapy*, ed. by George W. Burns (Hoboken: John Wiley & Sons, 2012), pp. 64–75 <https://doi.org/10.1002/9781118269664.ch6>; Shane J. Lopez, C. R. Snyder and Jennifer Teramoto Pedrotti, 'Hope: Many Definitions, Many Measures', in *Positive Psychological Assessment: A Handbook of Models and Measures*, ed. by Shane J. Lopez and C. R. Snyder (Washington, DC: American Psychological Association, 2003), pp. 91–106 <https://doi.org/10.1037/10612-006>; Karen Reivich and Jane Gillham, 'Learned Optimism: The Measurement of Explanatory Style', in *Positive Psychological Assessment: A Handbook of Models and Measures*, ed. by Shane J. Lopez and C. R. Snyder (Washington, DC: American Psychological

Association, 2003), pp. 57–74 <https://doi.org/10.1037/10612-004>.
61. Peterson and Seligman, *Character Strengths and Virtues*.
62. Michela Marzano, *Programados para Triunfar: Nuevo Capitalismo, Gestión Empresarial, y Vida Privada* (Barcelona: Tusquets, 2012).
63. Maria Konnikova, 'What Makes People Feel Upbeat at Work', *The New Yorker*, 30 July 2016 <http://www.newyorker.com/?p=3234730&mbid=nl_073016DailyNewsletter(1)&CNDID=38849113&spMailingID=9280546&spUserID=MTEwMTIzMzIyNTUzS0& spJobID=962432916&spReportId=OTYyNDMyOTE2S0>.
64. Cabanas and Sánchez-González, 'Inverting the Pyramid of Needs'; Cabanas and Illouz, 'Making of a "Happy Worker"'; Cabanas and Illouz, 'Fit fürs Gluck'.

第 4 章　貨架上的快樂自我

1. http://possibilitychange.com/steps-to-change-my-life/
2. Illouz, *Emotions as Commodities*.
3. Cabanas, 'Rekindling Individualism, Consuming Emotions'; Cabanas, '"Psytizens", or the Construction of Happy Individuals'.
4. Christopher Lasch, *The Culture of Narcissism: American Life in an Age of Diminishing Expectations* (New York: W. W. Norton, 1979); Frank Furedi, *Therapy Culture*; Nolan, *Therapeutic State*; Ahmed, *Promise of Happiness*.
5. Binkley, *Happiness as Enterprise*, p. 163.
6. Wilhelm Hofmann, Maike Luhmann, Rachel R. Fisher, Kathleen D. Vohs and Roy F. Baumeister, 'Yes, But Are They Happy? Effects of Trait Self-Control on Affective Well-Being and Life Satisfaction', *Journal of Personality*, 82.4 (2014), 265–77 <https://doi.org/10.1111/jopy.12050>; Derrick Wirtz, Juliann Stalls, Christie Napa Scollon and Karl L. Wuensch, 'Is the Good Life Characterized by Self-Control? Perceived Regulatory Success and Judgments of Life Quality', *The Journal of Positive Psychology*, 11.6 (2016), 572–83 <https://doi.org/10.1080/17439760.2016.1152503>; Denise T. D. de Ridder, Gerty Lensvelt- Mulders, Catrin Finkenauer, F. Marijn Stok and Roy F. Baumeister, 'Taking Stock of Self-Control', *Personality and Social Psychology Review*, 16.1 (2012), 76–99 <https://doi.org/10.1177/1088868311418749>.
7. Peterson and Seligman, *Character Strengths and Virtues*, p. 38.
8. Heidi Marie Rimke, 'Governing Citizens through Self-Help Literature', *Cultural Studies*, 14.1 (2000), 61–78 <https://doi.org/10.1080/095023800334986>; Fernando Ampudia de Haro, 'Administrar el Yo: Literatura de Autoayuda y Gestión del Comportamiento y los Afectos', *Revista Española de Investigaciones Sociológicas (REIS)*, 113.1 (2006), 49–75; Sam Binkley, 'Happiness, Positive Psychology and the Program of Neoliberal Governmentality', *Subjectivity*, 4.4 (2011), 371–94 <https://doi.org/10.1057/sub.2011.16>; Rose, *Inventing Our Selves*.

9. Reivich and Gillham, 'Learned Optimism'.
10. Weis, 'You Want Me to Fix It?'
11. Lopez et al., 'Hope', p. 94.
12. Carver et al., 'Optimism', p. 1.
13. Lyubomirsky, *How of Happiness*, pp. 280–1.
14. Marc A. Brackett, John D. Mayer and Rebecca M. Warner, 'Emotional Intelligence and Its Relation to Everyday Behaviour', *Personality and Individual Differences*, 36.6 (2004), 1387–1402 <https://doi.org/10.1016/ S0191-8869(03)00236-8>, p. 1389.
15. Illouz, *Cold Intimacies*; Lipovetsky, *La Felicidad Paradójica*.
16. https://my.happify.com/
17. https://my.happify.com/
18. Annika Howells, Itai Ivtzan and Francisco Jose Eiroa-Orosa, 'Putting the "App" in Happiness: A Randomised Controlled Trial of a Smartphone-Based Mindfulness Intervention to Enhance Wellbeing', *Journal of Happiness Studies*, 17.1 (2016), 163–85 <https://doi.org/10.1007/s10902-014-9589-1>.
19. Stephanie Baum, 'Happify Health Raises $9m to Expand Behavioral Health Research Business (Updated)', *MedCity News*, 15 August 2017 <https://medcitynews.com/2017/08/happify-health-raises-9m-expand-behavioral-health-research-business/?rf=1>.
20. Espeland and Stevens, 'Sociology of Quantification'; Nikolas Rose, 'Governing by Numbers: Figuring out Democracy', *Accounting, Organizations and Society*, 16.7 (1991), 673–92 <https://doi.org/10.1016/0361-3682(91)90019-B>.
21. Carl Rogers, *On Becoming a Person: A Therapist's View of Psychotherapy* (Boston: Houghton Mifflin, 1961), p. 166.
22. Rogers, *On Becoming a Person*, p. 33.
23. Carl Rogers, 'Some Observations on the Organization of Personality', *American Psychologist*, 2 (1947), 358–68, p. 362.
24. Maslow, *Motivation and Personality*, p. 46.
25. Peterson and Seligman, *Character Strengths and Virtues*, p. 29.
26. Timothy D. Hodges and Donald O. Clifton, 'Strengths-Based Development in Practice', in *Positive Psychology in Practice*, ed. by P. Alex Linley and Stephen Joseph (Hoboken: John Wiley & Sons, 2004), pp. 256–68, p. 258.
27. Kenneth Gergen, *The Saturated Self* (New York: Basic Books, 1991).
28. Isaiah Berlin, *Four Essays on Liberty* (Oxford: Oxford University Press, 1968).
29. Eugene Taylor, *Shadow Culture: Psychology and Spirituality in America* (Washington, DC: Counterpoint, 1999); Beril Satter, *Each Mind a Kingdom: American Women, Sexual Purity, and the New Thought Movement, 1875–1920.* (London: University of California Press, 1999).
30. Peterson and Seligman, *Character Strengths and Virtues*, p. 13.

31. Linley and Burns, 'Strengthspotting'.
32. Seligman, *Authentic Happiness*.
33. James H. Gilmore and Joseph B. Pine, *Authenticity: What Consumers Really Want* (Boston: Harvard Business School Press, 2007).
34. Guy Redden, 'Makeover Morality and Consumer Culture', in *Reading Makeover Television: Realities Remodelled*, ed. by Dana Heller (London: I. B. Tauris, 2007), pp. 150–64.
35. Linley and Burns, 'Strengthspotting', p. 10.
36. Bill O'Hanlon, 'There Is a Fly in the Urinal: Developing Therapeutic Possibilities from Research Findings', in *Happiness, Healing, Enhancement: Your Casebook Collection for Applying Positive Psychology in Therapy*, ed. by George W. Burns (Hoboken: John Wiley & Sons, 2010), pp. 303–14, p. 312.
37. Daniel J. Lair, Katie Sullivan and George Cheney, 'Marketization and the Recasting of the Professional Self: The Rhetoric and Ethics of Personal Branding', *Management Communication Quarterly*, 18.3 (2005), 307–43 <https://doi.org/10.1177/0893318904270744>.
38. Donna Freitas, *The Happiness Effect: How Social Media Is Driving a Generation to Appear Perfect at Any Cost* (New York: Oxford University Press, 2017), pp. 13–15.
39. Ehrenreich, *Smile or Die*.
40. Freitas, *Happiness Effect*, p. 71.
41. Freitas, *Happiness Effect*, p. 77.
42. Corey L. M. Keyes and Jonathan Haidt, eds., *Flourishing: Positive Psychology and the Life Well-Lived* (Washington, DC: American Psychological Association, 2003).
43. Seligman, *Flourish*.
44. Seligman, *Flourish*.
45. Lahnna I. Catalino and Barbara L. Fredrickson, 'A Tuesday in the Life of a Flourisher: The Role of Positive Emotional Reactivity in Optimal Mental Health', *Emotion*, 11.4 (2011), 938–50 <https://doi.org/10.1037/ a0024889>; Barbara L. Fredrickson, *Positivity* (New York: Crown, 2009); Judge and Hurst, 'How the Rich (and Happy) Get Richer (and Happier)'.
46. Seligman, *Flourish*, p. 13.
47. Sonja Lyubomirsky, Laura King and Ed Diener, 'The Benefits of Frequent Positive Affect: Does Happiness Lead to Success?', *Psychological Bulletin*, 131 (2005), 803–55 <https://doi.org/10.1037/0033-2909.131.6.803>; Fredrickson, *Positivity*.
48. Seligman, *Flourish*, p. 13.
49. Beck and Beck-Gernsheim, *Individualization*.
50. Carl Cederström and André Spicer, *Desperately Seeking Self-Improvement: A Year*

Inside the Optimization Movement (New York and London: OR Books, 2017), p. 10.

51. John Schumaker, 'The Happiness Conspiracy', *New Internationalist*, 2 July 2006 <https://newint.org/columns/essays/2006/07/01/happiness-conspiracy>.
52. https://positivepsychologytoolkit.com/
53. Kennon M. Sheldon and Sonja Lyubomirsky, 'How to Increase and Sustain Positive Emotion: The Effects of Expressing Gratitude and Visualizing Best Possible Selves', *The Journal of Positive Psychology*, 1.2 (2006), 73–82 <https://doi.org/10.1080/17439760500510676>, pp. 76–7.
54. Sheldon and Lyubomirsky, 'How to Increase and Sustain Positive Emotion'.
55. Lyubomirsky, *How of Happiness*, p. 104.
56. Lyubomirsky, *How of Happiness*, p. 106.
57. Michel Foucault, *Technologies of the Self: A Seminar with Michel Foucault* (Amherst: University of Massachusetts Press, 1988).
58. Mongrain and Anselmo-Matthews, 'Do Positive Psychology Exercises Work?', p. 383.
59. Sheldon and Lyubomirsky, 'How to Increase and Sustain Positive Emotion', pp. 76–7.
60. Cabanas, 'Rekindling Individualism, Consuming Emotions'; Cabanas, '"Psytizens", or the Construction of Happy Individuals'.
61. Illouz, *Saving the Modern Soul*.

第 5 章　快樂是新的常態

1. Gretchen Rubin, *The Happiness Project: Or, Why I Spent a Year Trying to Sing in the Morning, Clean My Closets, Fight Right, Read Aristotle, and Generally Have More Fun* (New York: HarperCollins, 2009), pp. 12–14.
2. Lyubomirsky, *How of Happiness*, p. 1.
3. Zupančič, *Odd One In*, p. 216.
4. Kennon M. Sheldon and Laura King, 'Why Positive Psychology Is Necessary', *American Psychologist*, 56.3 (2001), 216–17 <https://doi.org/10.1037/0003-066X.56.3.216>.
5. Marie Jahoda, *Current Concepts of Positive Mental Health* (New York: Basic Books, 1958) <https://doi.org/10.1037/11258-000>.
6. Boehm and Lyubomirsky, 'Does Happiness Promote Career Success?'; Catalino and Fredrickson, 'Tuesday in the Life'; Diener, 'New Findings and Future Directions'; Judge and Hurst, 'How the Rich (and Happy) Get Richer (and Happier)'; Lyubomirsky et al., 'Benefits of Frequent Positive Affect'.
7. Illouz, *Cold Intimacies*.

8. Barbara S. Held, 'The Negative Side of Positive Psychology', *Journal of Humanistic Psychology*, 44.1 (2004), 9–46, p. 12.
9. Seligman, *Authentic Happiness*, p. 178.
10. Seligman, *Authentic Happiness*, p. 129.
11. Lisa G. Aspinwall and Ursula M. Staudinger, 'A Psychology of Human Strengths: Some Central Issues of an Emerging Field', in *A Psychology of Human Strengths: Fundamental Questions and Future Directions for a Positive Psychology*, ed. by Lisa G. Aspinwall and Ursula M. Staudinger (Washington, DC: American Psychological Association, 2003), pp. 9–22, p. 18.
12. Laura A. King, 'The Hard Road to the Good Life: The Happy, Mature Person', *Journal of Humanistic Psychology*, 41.1 (2001), 51–72 <https://doi.org/10.1177/0022167801411005>, p. 53.
13. Barbara L. Fredrickson, 'Cultivating Positive Emotions to Optimize Health and Well-Being', *Prevention & Treatment*, 3.1 (2000) <https://doi.org/10.1037/1522-3736.3.1.31a>; Barbara L. Fredrickson and T. Joiner, 'Positive Emotions', in *Handbook of Positive Psychology*, ed. by C. R. Snyder and Shane J. Lopez (New York: Oxford University Press, 2002), pp. 120–34.
14. Barbara L. Fredrickson, 'Updated Thinking on Positivity Ratios', *American Psychologist*, 68 (2013), 814–22 <https://doi.org/10.1037/ a0033584>, p. 816.
15. Barbara L. Fredrickson and Marcial F. Losada, 'Positive Affect and the Complex Dynamics of Human Flourishing', *American Psychologist*, 60.7 (2005), 678–86 <https://doi.org/10.1037/0003-066X.60.7.678>, p. 678.
16. Fredrickson, 'Updated Thinking on Positivity Ratios', p. 816.
17. Fredrickson, 'Updated Thinking on Positivity Ratios'.
18. Barbara L. Fredrickson, 'The Role of Positive Emotions in Positive Psychology. The Broaden-and-Build Theory of Positive Emotions', *American Psychologist*, 56 (2001), 218–26 <https://doi.org/10.1037/0003-066X.56.3.218>, p. 221.
19. Fredrickson, 'Role of Positive Emotions in Positive Psychology', p. 221.
20. Fredrickson, *Positivity*.
21. Fredrickson, 'Role of Positive Emotions in Positive Psychology', p. 223.
22. Fredrickson, 'Updated Thinking on Positivity Ratios', p. 819.
23. Fredrickson, 'Updated Thinking on Positivity Ratios'.
24. Fredrickson, 'Updated Thinking on Positivity Ratios', p. 818.
25. Fredrickson, 'Updated Thinking on Positivity Ratios', p. 815.
26. Fredrickson and Losada, 'Positive Affect and the Complex Dynamics of Human Flourishing'.
27. Elisha Tarlow Friedman, Robert M. Schwartz and David A. F. Haaga, 'Are the Very Happy Too Happy?', *Journal of Happiness Studies*, 3.4 (2002), 355–72 <https://doi.org/10.1023/A:1021828127970>.
28. Fredrickson, *Positivity*, p. 122.

29. Barbara L. Fredrickson and Laura E. Kurtz, ‘Cultivating Positive Emotions to Enhance Human Flourishing’, in *Applied Positive Psychology: Improving Everyday Life, Health, Schools, Work, and Society*, ed. by Stewart I. Donaldson, Mihaly Csikszentmihalyi and Jeanne Nakamura (New York: Routledge, 2011), pp. 35–47, p. 42.
30. Nicholas J. L. Brown, Alan D. Sokal and Harris L. Friedman, ‘The Complex Dynamics of Wishful Thinking: The Critical Positivity Ratio’, *The American Psychologist*, 68.9 (2013), 801–13 <https://doi.org/10.1037/a0032850>, p. 801.
31. Brown et al., ‘Complex Dynamics of Wishful Thinking’, p. 812.
32. Fredrickson, ‘Updated Thinking on Positivity Ratios’, p. 814.
33. Fredrickson, ‘Updated Thinking on Positivity Ratios.’, p. 814.
34. Fredrickson, ‘Updated Thinking on Positivity Ratios.’, p. 819.
35. Jerome Kagan, *What Is Emotion? History, Measures, and Meanings* (New Haven: Yale University Press, 2007); Margaret Wetherell, *Affect and Emotions: A New Social Science Understanding* (London: SAGE, 2012).
36. Deborah Lupton, *The Emotional Self: A Sociocultural Exploration* (London: SAGE, 1998).
37. Ute Frevert, *Emotions in History: Lost and Found* (Budapest: Central European University Press, 2011); Richard S. Lazarus and Bernice N. Lazarus, *Passion and Reason: Making Sense of Our Emotions* (New York and Oxford: Oxford University Press, 1994); Michael Lewis, Jeannette Haviland-Jones and Lisa Feldman Barrett, eds., *Handbook of Emotions* (New York and London: Guilford Press, 2008); Barbara H. Rosenwein, ‘Worrying About Emotions in History’, *The American Historical Review*, 107.3 (2002), 821–45; Wetherell, *Affect and Emotions*.
38. Catherine Lutz and Geoffrey M. White, ‘The Anthropology of Emotions’, *Annual Review of Anthropology*, 15.1 (1986), 405–36 <https://doi.org/10.1146/annurev.an.15.100186.002201>.
39. Catharine A. MacKinnon, *Are Women Human? And Other International Dialogues* (Cambridge, MA, and London: Harvard University Press, 2007); Lauren Berlant, *Cruel Optimism* (Durham, NC: Duke University Press, 2011).
40. Illouz, *Why Love Hurts*; Eva Illouz, ‘Emotions, Imagination and Consumption: A New Research Agenda’, *Journal of Consumer Culture*, 9 (2009), 377–413 <https://doi.org/10.1177/1469540509342053>.
41. Jack M. Barbalet, *Emotion, Social Theory, and Social Structure: A Macrosociological Approach* (Cambridge: Cambridge University Press, 2004); Arlie Russell Hochschild, *The Outsourced Self: Intimate Life in Market TImes* (New York: Metropolitan Books, 2012).
42. Horace Romano Harré, *Physical Being: A Theory for a Corporeal Psychology* (Oxford: Blackwell, 1991).
43. Ehrenreich, *Smile or Die*; Sundararajan, ‘Happiness Donut’; Cabanas and Sán-

chez-González, 'Roots of Positive Psychology'.
44. Lazarus, 'Does the Positive Psychology Movement Have Legs?'
45. Kagan, *What Is Emotion?*, p. 8.
46. Lazarus, 'Does the Positive Psychology Movement Have Legs?'
47. Forgas, 'Don't Worry, Be Sad!'; Hui Bing Tan and Joseph P. Forgas, 'When Happiness Makes Us Selfish, but Sadness Makes Us Fair: Affective Influences on Interpersonal Strategies in the Dictator Game', *Journal of Experimental Social Psychology*, 46.3 (2010), 571–6 <https://doi.org/10.1016/j.jesp. 2010.01.007>.
48. Marino Pérez-Álvarez, 'Positive Psychology: Sympathetic Magic', *Papeles del Psicólogo*, 33.3 (2012), 183–201.
49. Anthony Storr, *Human Aggression* (Harmondsworth: Penguin, 1992).
50. Svetlana Boym, *The Future of Nostalgia* (New York: Basic Books, 2001).
51. Jens Lange and Jan Crusius, 'The Tango of Two Deadly Sins: The Social-Functional Relation of Envy and Pride', *Journal of Personality and Social Psychology*, 109.3 (2015), 453–72 <https://doi.org/10.1037/ pspi0000026>.
52. Marino Pérez-Álvarez, 'Positive Psychology and Its Friends: Revealed', *Papeles del Psicólogo*, 34 (2013), 208–26; Mauss et al., 'Can Seeking Happiness Make People Unhappy?'; Pérez-Álvarez, 'Science of Happiness.'
53. Tan and Forgas, 'When Happiness Makes Us Selfish', p. 574.
54. Devlin et al., 'Not As Good as You Think?'; Joseph P. Forgas and Rebekah East, 'On Being Happy and Gullible: Mood Effects on Skepticism and the Detection of Deception', *Journal of Experimental Social Psychology*, 44.5 (2008), 1362–7 <https://doi.org/10.1016/j.je sp. 2008.04.010>; Jaihyun Park and Mahzarin R. Banaji, 'Mood and Heuristics: The Influence of Happy and Sad States on Sensitivity and Bias in Stereotyping', *Journal of Personality and Social Psychology*, 78.6 (2000), 1005–23 <https://doi.org/10.1037/0022-3514.78.6.1005>.
55. Joseph P. Forgas, 'On Being Happy and Mistaken: Mood Effects on the Fundamental Attribution Error', *Journal of Personality and Social Psychology*, 72.1 (1998), 318–31; Forgas, 'Don't Worry, Be Sad!'.
56. Peterson and Seligman, *Character Strengths and Virtues*.
57. Daniel Lord Smail, 'Hatred as a Social Institution in Late- Medieval Society', *Speculum*, 76.1 (2001), 90–126 <https://doi.org/10.2307/2903707>.
58. Barbalet, *Emotion, Social Theory, and Social Structure*.
59. Spencer E. Cahill, 'Embarrassability and Public Civility: Another View of a Much Maligned Emotion', in *Social Perspectives on Emotions*, ed. by David D. Franks, Michael B. Flaherty and Carolyn Ellis (Greenwich, CT: JAI, 1995), pp. 253–71.
60. Arlie Russell Hochschild, 'The Sociology of Feeling and Emotion: Selected Possibilities', *Sociological Inquiry*, 45.2-3 (1975), 280–307 <https://doi.org/10.1111/ j.1475-682X.1975.tb00339.x>.
61. Axel Honneth, *The Struggle for Recognition: The Moral Grammar of Social Con-*

flicts (Cambridge, MA: MIT Press, 1996).

62. Tim Lomas and Itai Ivtzan, 'Second Wave Positive Psychology: Exploring the Positive–Negative Dialectics of Wellbeing', *Journal of Happiness Studies*, 17.4 (2016), 1753–68 <https://doi.org/10.1007/ s10902-015-9668-y>.
63. Seligman, 'Building Resilience'.
64. Luthans et al. , 'Developing the Psychological Capital of Resiliency'; Ann S. Masten and Marie-Gabrielle J. Reed, 'Resilience in Development', in *Handbook of Positive Psychology*, ed. by C. R. Snyder and Shane J. Lopez (Oxford: Oxford University Press, 2002), pp. 74–88; Reivich et al., 'From Helplessness to Optimism'.
65. Michele M. Tugade and Barbara L. Fredrickson, 'Resilient Individuals Use Positive Emotions to Bounce Back From Negative Emotional Experiences', *Journal of Personality and Social Psychology*, 86.2 (2004), 320–33 <https://doi.org/10.1037/0022-3514.86.2.320>, p. 320.
66. Michael Rutter, 'Psychosocial Resilience and Protective Mechanisms', *American Journal of Orthopsychiatry*, 57.3 (1987), 316–31 <https://doi.org/10.1111/j.1939-0025.1987.tb03541.x>; Ann S. Masten, Karin M. Best and Norman Garmezy, 'Resilience and Development: Contributions from the Study of Children Who Overcome Adversity', *Development and Psychopathology*, 2.4 (1990), 425–44 <https://doi.org/10.1017/ S0954579400005812>.
67. Lawrence G. Calhoun and Richard G. Tedeschi, eds., *Handbook of Posttraumatic Growth: Research and Practice* (Mahwah: Lawrence Erlbaum Associates, 2006).
68. eyes and Haidt, *Flourishing*.
69. P. Alex Linley and Stephen Joseph, 'Positive Change Following Trauma and Adversity: A Review', *Journal of Traumatic Stress*, 17.1 (2004), 11–21 <https://doi.org/10.1023/B:JOTS.0000014671.27856.7e>; Richard G. Tedeschi and Lawrence G. Calhoun, 'Posttraumatic Growth: Conceptual Foundations and Empirical Evidence', *Psychological Inquiry*, 15.1 (2004), 1–18 <https://doi.org/10.1207/ s15327965pli1501_01>.
70. Linley and Joseph, 'Positive Change Following Trauma and Adversity', p. 17.
71. Enric C. Sumalla, Cristian Ochoa and Ignacio Blanco, 'Posttraumatic Growth in Cancer: Reality or Illusion?', *Clinical Psychology Review*, 29.1 (2009), 24–33 <https://doi.org/10.1016/j.cpr.2008.09.006>; Patricia L. Tomich and Vicki S. Helgeson, 'Is Finding Something Good in the Bad Always Good? Benefit Finding Among Women With Breast Cancer', *Health Psychology*, 23.1 (2004), 16–23 <https://doi.org/10.1037/0278-6133.23.1.16>.
72. Seligman, *Flourish*, p. 159
73. Seligman, 'Building Resilience', n.p., paras.1–2.
74. Martin E. P. Seligman and Raymond D. Fowler, 'Comprehensive Soldier Fitness and the Future of Psychology', *American Psychologist*, 66 (2011), 82–6 <https://

doi.org/10.1037/a0021898>; Seligman, *Flourish*.

75. Seligman, *Flourish*, p. 181.

76. Nicholas J. L. Brown, 'A Critical Examination of the U.S. Army's Comprehensive Soldier Fitness Program', *The Winnower*, 2 (2015), e143751 <https://doi.org/10.15200/winn.143751.17496>.

77. Roy Eidelson and Stephen Soldz, 'Does Comprehensive Soldier Fitness Work? CSF Research Fails the Test', *Coalition for an Ethical Psychology Working Paper*, 1.5 (2012), 1–12.

78. Eidelson and Soldz, 'Does Comprehensive Soldier Fitness Work?', p. 1.

79. Thomas W. Britt, Winny Shen, Robert R. Sinclair, Matthew R. Grossman and David M. Klieger, 'How Much Do We Really Know About Employee Resilience?', *Industrial and Organizational Psychology*, 9.02 (2016), 378–404 <https://doi.org/10.1017/iop.2015.107>; John Dyckman, 'Exposing the Glosses in Seligman and Fowler's (2011) Straw-Man Arguments', *American Psychologist*, 66.7 (2011), 644–5 <https://doi.org/10.1037/a0024932>; Harris L. Friedman and Brent Dean Robbins, 'The Negative Shadow Cast by Positive Psychology: Contrasting Views and Implications of Humanistic and Positive Psychology on Resiliency', *The Humanistic Psychologist*, 40.1 (2012), 87–102 <https://doi.org/10.1080/08873267.2012.643720>; Sean Phipps, 'Positive Psychology and War: An Oxymoron', *American Psychologist*, 66.7 (2011), 641–2 <https://doi.org/10.1037/a0024933>.

80. Brown, 'Critical Examination', p. 13 (para. 66).

81. Angela Winter, 'The Science of Happiness. Barbara Fredrickson on Cultivating Positive Emotions', *Positivity*, 2009 <http://www.positivityratio.com/sun.php>.

82. Martha Nussbaum, *The Fragility of Goodness: Luck and Ethics in Greek Tragedy and Philosophy* (New York: Cambridge University Press, 2001).

83. Ruth Levitas, *Utopia as Method: The Imaginary Reconstruction of Society* (Basingstoke and New York: Palgrave Macmillan, 2013).

84. Jean Baudrillard, *Simulations* (New York: Semiotext(e), 1983).

85. Veenhoven, 'Life Is Getting Better'.

86. Bergsma and Veenhoven, 'Happiness of People with a Mental Disorder'; Ad Bergsma, Margreet ten Have, Ruut Veenhoven and Ron de Graaf, 'Most People with Mental Disorders Are Happy: A 3-year Follow-Up in the Dutch General Population', *The Journal of Positive Psychology*, 6.4 (2011), 253–9 <https://doi.org/10.1080/17439760.2011.577086>.

87. Veenhoven, 'Life Is Getting Better', p. 107.

88. Veenhoven, 'Life Is Getting Better', p. 120.

89. Seligman, *Authentic Happiness*, p. 266.

90. Emmanuel Levinas, *Entre Nous: Thinking-of-the-Other* (London and New York: Continuum, 2006).

91. Sidney Hook, *Pragmatism and the Tragic Sense of Life* (New York: Basic Books, 1974).

結語

1. Julio Cortázar, *Cronopios and Famas* (New York: New Direction Books, 1999), pp. 23–4.
2. Terry Eagleton, *Hope without Optimism* (New Haven: Yale University Press, 2015).
3. Robert Nozick, *Anarchy, State, and Utopia* (New York: Basic Books, 1974).

內容簡介

當「快樂」成為一門新興科學，一項熱門投資，一個巨大吸金利器……你的快樂是否也被「強迫更新」、「版本升級」？拜正向心理學之賜，快樂從一個模糊的概念搖身變成人生成功的評量標準，也因此，快樂療程、服務和商品的供應及需求不斷增加，而有正向心理學家背書的「正念」訓練，更成為一門獲利豐厚的全球性產業，運用範圍囊括經濟學、企業管理到神經科學領域，年產值超過十億美元。

致力快樂研究的兩大陣營：正向心理學和快樂經濟學，其與個人主義及新自由主義之間彼此牽連共生的關係，在政府、企業與學術界三方聯手之下，已令快樂深深融入到我們的「文化想像」之中，乃至於佔據著生活的核心地位，來自不同社會光譜、形形色色的快樂專家大行其道，如影隨形到令人生厭的地步。隨著產業價值不斷增長，人們對快樂的理解已有所改變，要對其有所質疑，反倒成了離經叛道、大膽的舉動，而本書所為即是。

作者簡介

艾德加．卡巴納斯（Edgar Cabanas）

心理學博士，西班牙馬德里卡米洛．何塞．塞拉大學（Universidad Camilo José Cela）教授，曾是柏林情感歷史中心（馬克斯普朗克研究所）博士後研究員。合著有《幸福世代的現實生活》（*La vida real en tiempos de la felicidad*）等。

伊娃・伊盧茲（Eva Illouz）

知名社會學家，法國巴黎社會科學高等學院（School for Advanced Studies in the Social Sciences）及以色列耶路撒冷希伯來大學（The Hebrew University of Jerusalem）教授。

研究重點為資本主義社會學、情感社會學、性別社會學和文化社會學，著作包括《冷親密》（*Cold Intimacies*）、《消費浪漫的烏托邦》（*Consuming the Romantic Utopia*）、《為什麼愛讓人受傷》（*Why Love Hurts?*）等。

譯者簡介

張穎綺

台灣大學外文系畢業，法國巴黎第三大學法蘭西新聞傳播學院碩士。譯有《無盡的讚歌》、《女巫》、《藍色加薩》、《在莫斯科的那場誤會》、《柳橙園》、《重返革命現場：1917 年的聖彼得堡》（以上立緒出版）、《謝利》、《觀鳥大年》等書。

國家圖書館出版品預行編目 (CIP) 資料

製造快樂公民：快樂產業如何控制我們的生活 / 艾德加．卡巴納斯 (Edgar Cabanas)，伊娃．伊盧茲 (Eva Illouz) 著；張穎綺譯.
-- 初版. -- 新北市：立緒文化，民 110.02
面； 公分. --（新世紀叢書）
譯自：Happycracy : how the industry of happiness controls our lives
ISBN 978-986-360-167-8（平裝）

1. 快樂 2. 心理學

176.51 109021017

製造快樂公民：快樂產業如何控制我們的生活

Happycracy : How the Industry of Happiness Controls Our Lives

出版——立緒文化事業有限公司（於中華民國 84 年元月由郝碧蓮、鍾惠民創辦）
作者——艾德加．卡巴納斯 Edgar Cabanas，伊娃．伊盧茲 Eva Illouz
譯者——張穎綺

發行人——郝碧蓮
顧問——鍾惠民

地址——新北市新店區中央六街 62 號 1 樓
電話——(02) 2219-2173
傳真——(02) 2219-4998
E-mail Address —— service@ncp.com.tw
Facebook 粉絲專頁—— https://www.facebook.com/ncp231
劃撥帳號—— 1839142-0 號 立緒文化事業有限公司帳戶
行政院新聞局局版臺業字第 6426 號

總經銷——大和書報圖書股份有限公司
電話——(02) 8990-2588
傳真——(02) 2290-1658
地址——新北市新莊區五工五路 2 號
排版——菩薩蠻數位文化有限公司
印刷——祥新印刷股份有限公司

法律顧問——敦旭法律事務所吳展旭律師

分類號碼—— 176.51
ISBN —— 978-986-360-167-8
出版日期——中華民國 110 年 2 月初版 一刷（1 ～ 1,500）

定價◎ 350 元（平裝） 立緒